特集論文・問題提起

日本植民地における鉄道と観光

千住　一

はじめに

2017年度全国研究大会・共通論題報告のテーマは「日本植民地における鉄道と観光」とした。共通論題報告では、千住による問題提起の後、林采成、曽山毅、高媛の3氏が報告を行い、鳩澤歩、柿崎一郎の両氏よりコメントを頂戴した。本特集は、それらのなかから林報告および曽山報告について、当日の報告内容をもとに執筆された論文をおさめたものである。論文掲載に先立ち、千住が行った問題提起および発言の概要を以下に記す（高報告、鳩澤コメント、柿崎コメントの要旨については後掲の「会報」を参照されたい）。

観光に着目する意義

日本植民地における観光は、2000年代から研究課題として活発に取り上げられるようになった[1]。研究動向に鑑みると地域ごとに個別研究が蓄積される傾向が強いものの、観光を「新しい領域／視点」と位置づけることで、日本植民地研究はその可能性をひろげることができると考えている。

例えば、これまでの日本植民地研究において主要な論点のひとつであった交通・鉄道に関しては、観光という側面に着目することで運輸や物流以外の機能に光を当てることが可能になろう。朝鮮における鉄道ホテルの位置づけを検討する林報告は、こうした意義を有する。

ほかにも、従来の経済・経営の分野には余暇や娯楽といった観点を導入することができるであろうし、移民・引揚の議論に対しては、内地と植民地のあいだや複数の植民地間を往復し回遊する人流のありようを提示することが可能であろう。いずれにしても観光は、日本植民地研究におけるこれまでの取り組みに新たなアプローチを提供する契機となり得る。

また、近年における日本植民地研究の潮流として、教育や表象への関心の高まりが挙げられる。観光はこうした動向と接点を有するものとしても定置可能であって、例えば教育との接点には修学旅行という課題を、表象との接点には観光地イメージという課題をそれぞれ設定することができよう。台湾における修学旅行を取り上げる曽山報告は前者に、満洲における映画を取り上げる高報告は後者に該当する。

日本植民地研究への寄与

観光が果たし得る日本植民地研究への寄与、という話題をよりひろい文脈に位置づけてみると、拡大していく帝国日本を支えたネットワークという側面がまず指摘される。日本が植民地を獲得し版図をひろげていくなかで成立し展開した観光は、帝国という紐帯を維持し強化するための人流もしくは情報ネットワークとして機能したのではないだろうか[2]。

続いて指摘されるのは、近年の日本植民地研究が陥っているとされる個別地域主義や地域分断性という課題との関わりである。内地と植民地、植民地間を比較的短期間に往復し回遊する観光は、まさに地域を越境して行われる行為であり現象であって、谷ヶ城の言う「研究の細分化と研究者間の相互不理解が地域ごとに進展しつつある」[3]状

況を乗り越えるための視座を提供し得るのではないだろうか。

本共通論題は、鉄道を日本植民地における観光を理解する上で不可欠な存在と位置づけた上で、こうした問題にも向き合おうとするものである。日本植民地研究において「古典的な」論点である鉄道と、「新しい」論点である観光を交差させることで、日本植民地研究という営みにおける経済史・鉄道史的アプローチ（林報告）の重要性を改めて認識するとともに、教育史・文化史的アプローチ（曽山報告・高報告）の有効性を確認することができると考えている。

鉄道を通して日本植民地における観光の機能や役割を明確化し、また、観光を通して日本植民地における鉄道の位置づけを再検討しようとする本共通論題の企てが、これまでとは異なる動力で日本植民地研究を加速させ、日本植民地のより立体的な把握に繋がることを願っている。

おわりに

最後に、各報告、各コメント、質疑応答を経て千住が発言した内容を以下の2点にまとめておきたい。

第一に、観光をどのように捉えるかという問題である。特に量的に分析しようとする際、統計史料の有無も含めてこの問題を直視する必要がある。また、一口に観光と言っても、そこでは鉄道、バス、船舶、飛行機などの交通機関が組み合わされ、旅行会社がエージェントとしてツーリストと観光地を媒介する。観光が有するこうした複合性や重層性は、個人／団体、職業、性別、年齢などといったツーリスト属性の多様性とあわせて検討される必要がある。

第二に、観光から把握可能な日本植民地の特徴である。観光が関与する植民地間ネットワークという観点に立つならば、地理的に朝鮮と満洲は結びつきやすく、台湾は独自性を有するように感じられる。特に台湾の場合は、南洋との関係が一定の意味を持っているのではないだろうか。また、

実際の見物や体験を伴う観光は、日本による植民地統治のねじれや矛盾といったものが露呈し拡大する契機となったかも知れない。観光から日本植民地のありようを理解しようとする際、従来の支配／被支配という固定的な枠組みを一旦脇に置いてみることも必要であろう。

（1）千住一「日本統治下台湾・朝鮮・満洲における観光に関する研究動向」（『奈良県立大学研究季報』、22巻2号、2012年1月）。
（2）こうした視点に関しては、大英帝国の版図拡大とトマス＝クック社の事業展開のあいだに看取される相互性が参考になろう。ピアーズ・ブレンドン『トマス・クック物語：近代ツーリズムの創始者』中央公論社、1995年、石井昭夫訳。
（3）谷ヶ城秀吉「問題提起」（『日本植民地研究』29号、2017年6月）65頁。

付記
本共通論題報告は、JSPS科研費17H02253による成果の一部である。

論文

植民地期朝鮮における鉄道ホテルの開業とその経営

林　采成

Ⅰ．はじめに
Ⅱ．鉄道の敷設と鉄道ホテルの増設
Ⅲ．鉄道ホテル経営成績と委託経営：朝鮮鉄道ホテル経営（株）の経験
Ⅳ．鉄道ホテル直営と経営改善
Ⅴ．おわりに

Ⅰ．はじめに

　本稿の目的は朝鮮総督府鉄道局、いわば朝鮮国鉄によって鉄道ホテルが如何に開業されて運営されたのかを明らかにし、そのなかで「休憩の近代化」が進められる実態を考察することである。

　社会文化史的側面から見て、鉄道は沿線の景観を変え、都市化をもたらすと同時に、これを通じて多様な文化が伝播される通路としての役割を果たしてきた。従来山脈と河川によって断絶され、目的地への到達までに長時間と多額の費用を要し、あまり注目されていなかった自然景観と遊楽施設が、鉄道を通じて新しい観光地として再認識された[1]。近代化を促すインパクトとして鉄道が占める意義は大きい。鉄道当局にとっても輸送量の如何が鉄道経営にもフィードバックすることから、鉄道当局は鉄道旅行を大々的に宣伝し、各種運賃割引の便宜を提供し、需要誘発を図った。なかでも、鉄道の敷設以来、間歇的かつ部分的に行われた長距離の鉄道旅行は1920年代から30年代にかけて爆発的に増加したのである。これは大衆の旅行への憧憬と鉄道の収入確保という二つの欲求が交差する地点であらわれた「旅行の近代化」の一面であった[2]。

　とりわけ、東アジアは欧米に比べて後発地域であったため、鉄道敷設が国家主導によって行われ、この国鉄を私鉄が補完した。1945年8月、日本帝国圏の鉄道営業粁程を見れば、日本は国鉄19,620キロ、私鉄5,791キロ、朝鮮は国鉄4,938キロ、私鉄1,210キロ、台湾は国鉄1,070キロ、私鉄535キロ、中国は東北地域の満鉄11,285キロ、華北地域の華北交通5,894キロであった。こうして、鉄道は全国的ネットワークとして日本内地だけでなく日本内地と外地、さらに中国大陸を繋げる通路として機能したが、旅客の場合、貨物とは異なって、適時に「食」とともに「休み」の場所を提供しなければならなかった。これを鉄道の外部から求めることも考えられるが、植民地朝鮮では在来的施設たる「客舎」と「酒幕」があったものの、鉄道旅行に適した良質の宿泊施設を確保することは難しかったため、交通機関が自らそれを担わざるを得なかった。そこで、新しく登場したのが帝国の要衝に位置した鉄道ホテル網である。この点から、鉄道側は旅客輸送とともに、鉄道ホテルの運営にも携わることとなった。

　以上のような理由から植民地期朝鮮の鉄道ホテルが史的分析の対象となるにもかかわらず、史料に基づいて試みた研究は見当たらない。ただし、文学史的観点から鄭永孝（2010）が「表象」として朝鮮ホテルを把握し、主に植民地文学のなかでどのような「表象」となっていたのかを検討している[3]。朝鮮ホテルは朝鮮王朝の象徴となる円丘壇を取り壊し、大規模な近代的建物として建設され、植民地支配政策と交錯して各種事業を遂行したため、単純な宿泊施設を超えて帝国と植民地朝鮮の現在を示す重要な場所として機能したと見ている。

そのほか、金景漢（2014）は朝鮮の植民地化後、西洋人を対象とする近代式ホテルが営業中止となり、その後は日本帝国主義によって設立された鉄道ホテルが観光事業の必要性より軍事的目的の日本と大陸との間の陸橋的条件として敷設された鉄道の附帯事業として始まったと把握している(4)。朝鮮ホテルは駅より離れて位置しており、金剛山のホテルはリゾート的な性格を持ったものの、鉄道ホテルは上流層の社交文化のための空間であり、日本上流層および外国人のみがアクセスでき、韓国人のアクセスはできなかったとして、「空間分離現象」が著しく現われたと見ている。とはいえ、鉄道統計や鉄道当局の意図などが検討されず、鉄道ホテルを鉄道との関連性から把握するというより、ホテルに限定して把握しているといわざるを得ない。そのため、実際の経営がどのような状況に置かれたのかはあまり認識されておらず、総督府鉄道局が直面していた問題が検討されなかった。例えば、鄭（2014）は鉄道ホテルの委託経営の事実にすら言及していない。

Ⅱ．鉄道の敷設と鉄道ホテルの増設

鉄道は蒸気機関による輸送の大量化・迅速化を実現し、局地的経済活動を全国へ、場合によって国境を超えて広げる基盤となった。個々人にとっては鉄道ネットワークに比例して生活が外延的に拡大されるとともに、列車が正確に運行されるダイヤグラムによって人間の行動と思考も影響を受けざるを得なかった。こうした近代性の裏面に他国を侵略して植民地化し、本国との経済統合を進めるという側面を、鉄道は同時に持っていた。それが植民地民の生き方にも投影され、民族的差別とともに、他者のものとしての鉄道が位置づけられる要因となった(5)。要するに、鉄道建設それ自体が植民地化のレバレッジとなったのである。

朝鮮における鉄道の嚆矢は1899年9月に京仁鉄道合資会社が仁川・鷺梁津間の約33キロを運行したことである。アメリカ人モールスが敷設権を有したものの、資金力不足と日本側の工作によって京仁鉄道は日本側に渡されて竣工された(6)。その後、京仁鉄道は1901年8月より京釜線の敷設に着手した京釜鉄道株式会社によって1903年に買収された。日露戦争の勃発を契機として京釜鉄道の速成建設が行われる一方、京義鉄道が臨時軍用鉄道監部によって開通され、朝鮮縦貫鉄道が完成された。これらの鉄道を管理する機構として本国の鉄道国有化措置にあわせ、鉄道管理局が統監府に設置されたが、1909年12月には朝鮮国鉄は日本の鉄道院の管轄に入り、その後朝鮮総督府が設置されると、総督府鉄道局に改められた。

このように、鉄道建設は日露戦争と相俟って、日本側の帝国的膨張を促す主要手段であった。1914年に京元線と湖南線が開通され、なお元山を起点とする咸鏡線の敷設工事が実施されると、図1のように京城（現、ソウル）を中心とする朝鮮半島のX字鉄道網がその形を整えた。さらに朝鮮総督であった寺内正毅が首相となってからは、南満と東蒙における日本の権益を増進するため、1917年7月に国有鉄道の経営を満鉄に委託し、朝鮮と満州にわたる鉄道ネットワークを一つにしようとした。

ところが、これに対する朝鮮側の反発は大きく、1920年代に入って植民地開発のために大々的鉄道

図1　朝鮮鉄道略図

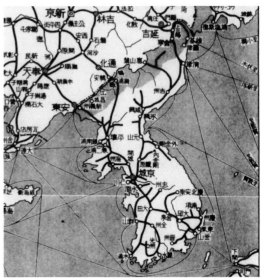

資料：南満洲鉄道東京支社『鮮満支旅の栞』1939年。

投資計画が朝鮮産業調査委員会などで検討され、委託経営の解除が強く要求された。その結果、1925年3月に満鉄への委託経営が解除されることはいうまでもないが、それとともに、図們、恵山、満浦、東海、慶全という五つの新線1,383キロの建設と338キロの私鉄買収を内容とする朝鮮鉄道十二年計画が第52帝国議会で決定・実施された。第二次総督府直営期が始まり、当時工事中の咸鏡本線が1928年に開通した。

以上のような鉄道整備に伴う朝鮮と日本の統合を示すのが図2である。両地域間貨物輸送は他の貨物船によって行われたが、旅客輸送はその多くが関釜連絡船によって行われた。朝鮮行、日本行とも長期にわたって増える中、日中戦争が勃発すると、朝鮮半島を経て中国へ入る旅客をはじめとして急増する様相を呈した。関釜連絡船の運航度

図2 関釜連絡船の旅客輸送と朝鮮国鉄の旅客連絡輸送
（単位：千人、度数）

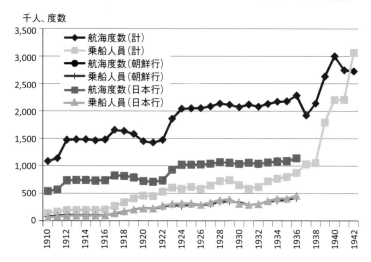

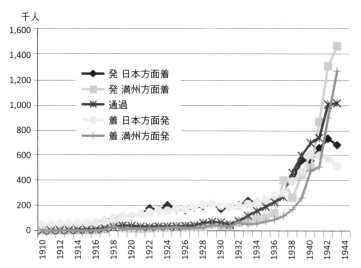

資料：朝鮮総督府『朝鮮総督府統計年報』各年度版；山本熈『日本鉄道連絡船史』交通協力会、1948年；鮮交会編『朝鮮交通史　資料編』1986年。

数を見れば、1920年代初には減少したものの、その直後1910年代の水準を上回る増加振りを示した。関釜連絡船を通じて朝鮮に入る日本人はさらに鉄道を利用して満州や朝鮮各地へ移動した。

このように、朝鮮と日本、さらに満州をはじめ中国との連絡輸送が拡大していくと、それに伴う宿泊施設を構築しなければならなかった。日本では山陽鉄道会社が神戸・下関間に鉄道を開通した翌年の1902年に下関駅と関釜連絡船発着場があった細江地区に木造2階建ての山陽ホテルを建設・運営したが、国有化措置後には鉄道院（国鉄）が山陽ホテルを直営した[7]。さらに、国鉄からの投資もあり、1909年に古都たる奈良でも奈良ホテルが大日本ホテル株式会社によって運営され始めたものの、経営悪化のため、1913年よりこれも国鉄直営となった[8]。このような鉄道ホテルの開業は台湾でも見られる。1908年10月に台湾鉄道ホテル（客室24室、収容人員45人、後に台北鉄道ホテル）が台湾総督府鉄道部によって開業され、後藤勝造がホテル経営に当たった[9]。後には台南鉄道ホテル（1934）と高雄鉄道ホテル（1937）が設置された。

一方、満州では表1のように満鉄が開業直後からヤマトホテル網を構築した[10]。1907年8月1日に大連市でダルニーホテル跡煉瓦建1棟（客室13）を修築して、大連ヤマトホテルを開業し、なお1909年5月7日には大連ヤマトホテルを児玉町の旧満鉄本社事務所に移転し、従来のホテルを別館として使用し、客室は総数47室に達した[11]。その翌年の1908年3月21日には旅順ヤマトホテルを客室数15室、定員25名の小規模として開業した。同年10月1日には長春クラブの建物を改修し、とりあえず長春ヤマトホテル（客室10室）を開業したあと、1910年2月1日に至って長春駅前に長春ヤマトホテル（客室数25室、収容人員35人）を新築して移転開業した。このような方式は奉天にも適用され、1909年に奉天ヤマトホテルを開業したが、翌年の7月に新築された奉天駅の階上及び階下の一部をもって10月1日に停車場ホテル（客室12）として開業、駅構内食堂を兼業した。

以上のように、日本から朝鮮半島を経て中国東北部に対する鉄道ネットワークが整備されると、それに伴う鉄道ホテルが朝鮮でも当然要請された。確かに鉄道会社によるホテルの運営は欧米諸国にとって珍しくなかった。とはいうものの、日本帝国の全域にわたる鉄道ホテル網は自然発生的というより国有鉄道や国策会社の主導の下で整えられた。こうした点は欧米諸国にとって後発者として

表1　1913年度版『鉄道院発行の東亞旅行案内　満州・朝鮮編』掲載のホテル

地　域	ホテル	備　　考
ハルビン	グランドホテル メトロポールホテル オリエンタルホテル	
長春	ヤマトホテル	1910年開業、煉瓦造2階建
奉天	ヤマトホテル アスターハウスホテル	貴賓室1、1等室5、2等室6
営口	アスターハウスホテル	
大連	ヤマトホテル	フランス風煉瓦造2階建貴賓室及び普通客室35
旅順	ヤマトホテル	
新義州	ステーションホテル	貴賓室1、普通室7
京城	ソンタグホテル スチュワードホテル	客室28、貞洞 「支那街」
釜山	ステーションホテル	貴賓室1、普通室8

資料：運輸省『日本ホテル略史』1946年12月。

の特徴を示すのであろう。満鉄の安奉線の改修とともに、鴨緑江架橋が落成され、朝鮮・満州間の連絡が容易になると、京城・長春間には「万国寝台会社の連絡車」が運営され、欧州の来客が非常に輻輳した。「朝鮮鉄道は亜欧交通路の最捷径」となったのである[12]。それにもかかわらず、朝鮮の各地には完全な旅館の設備が皆無であった[13]。「当時朝鮮の旅館業者中洋式設備を有するもの極めて稀にして、然かも遽かに之れが整備を期し難き状態に」あった[14]。朝鮮では官吏・使臣用の「客舎」と一般旅人用の「酒幕」が在来的に存在したものの、これらの宿泊施設は乗馬と徒歩による旅行に適したものであり、鉄道旅行のための駅周辺のホテルと旅館はまだ整備されていなかった。表１のように京城には貞洞のソンタグ・ホテル（客室28室）と「支那街」のスチュワードホテルという二つのホテルのみが外国人に紹介されていた。

すでに満鉄では直営事業として鉄道ホテルの経営が開始されたのである。

それに刺激され、朝鮮総督府鉄道局は釜山及び新義州の新築の停車場の階上を利用して1912年から鉄道ホテルを開業し、京城では約100余万円を投じて3ヵ年の継続事業として大型鉄道ホテルを新しく竣工することにした[15]。総督府鉄道局は釜山停車場では楼上の建築及び間取の変更などを行い、客室（貴賓室１室、普通室８室）をはじめ食堂、遊戯室をも完備し、吏員を東京に派送して室内諸器具、備品などを調達し、寺沢啻叡を支配人として1912年７月15年より釜山鉄道ホテルを開業した[16]。その一ヶ月後の８月15日には新義州停車場の新築を完成し、その２–３階に村井源藏を支配人として９客室、収容人員16人の「新義州停車場旅館」を開業した。これらのステーションホテルは後にそれぞれ鉄道ホテルと改称された。これらの鉄道ホテルの設置はターミナル駅の周辺にホテル施設が乏しい中、長距離旅行者にとって有益な宿泊施設になったのはいうまでもない。

京城では鉄道ホテルの敷地に関する検討が行われ、鉄道局は「第一に停車場の大屋長官官邸附近、第二は南大門通の荒井度支部長官官邸附近、第三は大観亭及び京城守備隊を含む地区」を希望したが、南大門停車場からは多少距離があるものの、６千坪の敷地をもつ円丘壇が決定された[17]。そのため、国技技師が欧米で建築設計を調査して「華美壮麗」建設計画が立てられ、ドイツ人のデランデー（George de Lalande）[18]がホテルの設

図３　釜山鉄道ホテルと新義州鉄道ホテル

資料：朝鮮日報社『月刊朝鮮』2011年６月号；鉄道省編『観光地と洋式ホテル』1934年。

図４　朝鮮ホテル全景

資料：朝鮮総督府鉄道局編『半島の近影』1937年。

計にあたり、それに堀内技師が修正を加えた[19]。朝鮮ホテルの初代支配人として寺内総督のスカウトによって奈良ホテル支配人の猪原護夫が1912年7月に来朝し、迎賓館級ホテルとしての運営ノウハウを移植した。

1913年より60万円を投じて春の解氷後に清水組が土工を始め建築に着手し、1914年10月に京城朝鮮ホテル（1939年4月に朝鮮ホテルと改称）の営業が始まった[20]。第一次世界大戦が勃発する直前に装飾品を欧州から輸入するなど、実際の費用は建築、備品、庭園作りを合わせて84万円へ膨れ上がったものの、エレベーターや洗濯機などといった朝鮮初めての設備が多く設置されており、後には天才の画家とも呼ばれた仁林顆仙がホテルの大壁画を描くなど[21]、壮大な外観とともに、近代的象徴として機能した。そのため、朝鮮ホテルは鉄道ホテルとして機能するだけでなく、迎賓館としての機能を持ち、欧米名士、総督などの高官や朝鮮内の事業家らが交流し、各種会社・銀行総会や事業団体の総会、アカデミックな学会や講演会が開かれており、時期によっては芸術家などがコンサートや展覧会などを開催する社交の場所でもあった。

既述のように、1914年に京元線が開通すると、「天下の霊山絶勝」と呼ばれていた金剛山の開発が進められ、観光客が増加の傾向にあったため、彼らの便宜を図る方法の一環として鉄道局直営の金剛山ホテルの建設が検討された[22]。1915年8月10日に金剛山外金剛に客室数10室、収容人員16人の温井里ホテル（後年外金剛山荘と改称）が支配人福島篤の下で朝鮮ホテルの分館として開業された。その後、1918年6月には鉄原・内金剛間の金剛山自動車営業が開始されると、1918年7月1日には金剛山内金剛の長安寺極楽殿を改造し、満鉄京城管理局直営の長安寺ホテル（後年内金剛山荘と改称）が客室数9室、収容人員14人の小規模で宮川肇を支配人として運営され始めた。宗教施設の一部を開場しただけに、このホテルは1924年7月1日に長淵里松林中に平家建本館1棟（客室8室、収容人員14人、工費約3万円）を新築し、長安寺内の極楽殿より移転された。この二つのホテルは探訪の季節を考慮し、毎年6月1日（あるいは7月1日）から営業を開始し、10月15日（あるいは10月末日）には閉業となった[23]。

こうして朝鮮内の鉄道ホテルが整備される中、西鮮（朝鮮北西部）に唯一の都会であった平壌においては近来時勢の進歩と交通の便利のため、鉄道ホテルの建設が必要とされ、松永名称旧跡保存会長が朝鮮総督に鉄道ホテルの建設の請願書を提出した。これに応じて総督府は請願を採納し、1～2年中に建設することを決定した[24]。しかし、第一次世界大戦のため、外客の往来が減少し、既設のホテルも収支が合わなくなったことから、鉄道ホテルの建設問題は沈静に帰した。満鉄による朝鮮国鉄の委託経営が決定されると、国境の新義州にある鉄道ホテルを平壌に移し、「記念碑側広場」に建設するという説も出たものの、越境する旅行客のために設置された新義州ホテルを平壌に

図5　温井里ホテルと平壌鉄道ホテル

資料：朝鮮総督府鉄道局編『朝鮮之風光』1927年；前掲『半島の近影』1937年。

移転する理由は見当たらず、議論にならなかった[25]。

その後、平壌における商工業の発達は著しくなり、各種事業が勃興したため、日本人の居住者も激増し、平壌駅はもはや停車場構内が狭く乗降客と発着貨物を抱擁し難くなった。これに対し、平壌駅の改築案がついに成立し、工事費35万円をもって改築だけでなく二階にホテルを併設することが検討された[26]。しかし、満鉄京城管理局はそれよりは駅と別の建物としてホテルを設置するほうが望ましいと判断し、平壌山手町の中野才が経営していた柳屋旅館を買収し、洋館3階建1棟（客室12室）を新築、和式及び洋式両様の柳屋ホテルと改称し、1922年10月30日に従来からの中野才を支配人とし開業した[27]。このホテルは朝鮮国鉄の委託経営が解除され、朝鮮総督府鉄道局が再び設置されると、1925年4月1日に鉄道局による直営となり、同年8月1日には平壌鉄道ホテルと改称された[28]。

以上のように、釜山、京城、平壌、新義州の京釜・京義の両線と金剛山という名勝に鉄道ホテルが成立し、鉄道旅行に適した宿泊と食事のサービスを提供して、旅中の休みの場所となっていた。次節ではその経営実態を検討してみよう。

Ⅲ．鉄道ホテル経営成績と委託経営：朝鮮鉄道ホテル経営（株）の経験

図6を見れば、ホテルの増設に伴って1910年代には宿泊客が急増したが、1920年代に入ってからはやや増加振りが弱くなった。ホテルの食堂を利用する客数も1924年をピークとしてむしろ下がっていた。1930年代半ばから1940年にかけて急増したが、1920年代までのホテル経営は厳しいものであった。その反面、1925年10月25日に京城駅の新築落成に伴って階上に構内食堂が新設され、構内食堂の利用客数が増え始めた[29]。また、長距離運行の旅客列車に連結された食堂車も増えて、その利用客もほぼ一貫して増加傾向を示した。この点に関連し、1919年から1938年までの20年間に限っては鉄道ホテルの利用客の内訳を考察してみよう。

図7を見れば、日本人と外国人による鉄道ホテ

図6　朝鮮鉄道局におけるホテルおよびダイナーの営業

資料：朝鮮総督府鉄道局『年報』各年度版；鮮交会編、前掲書、623頁。
注：1932-33年のデータは鉄道ホテルの民営委託に伴って資料上不詳。

ルの利用状況が把握できる。外国人の利用客は1920年代末まで減少したのに対し、日本人はむしろ増え、全体の宿泊客数の増加に寄与した。この日本人というカテゴリーには国籍上の日本人となっている朝鮮人も含まれている。これらの鉄道ホテルは外国名士、政府官僚、事業家、芸術家、各種訪問団に限らず、一般旅客も利用していた。その中には業務上の必要のために宿泊する出張者だけでなく、京城、釜山、平壌、新義州が朝鮮内外で観光地となるに従って観光を目的とする利用者も含まれる(30)。もちろん、その窃盗や詐欺といった犯罪にかかわる者もいた(31)。ここで注意すべきなのは同時期に鉄道ホテルの増設も同時に進んだことである。そのため、客室あるいは定員を基準として稼働率を考慮しなければならない。資料から1日平均宿泊人員が得られるので、これを

図7 鉄道ホテルの宿泊およびダイナー営業状況

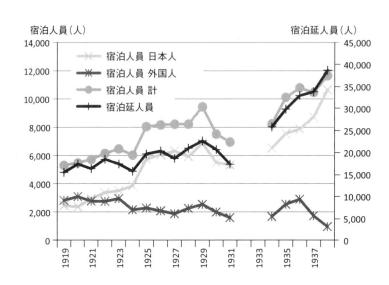

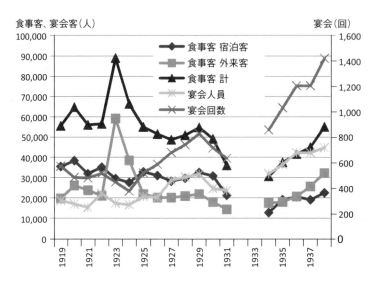

資料：前掲『年報』；鮮交会編、前掲書、623頁。
注：1932-33年のデータは鉄道ホテルの民営委託に伴って資料上不詳。

定員数で割り、宿泊施設の定員稼働率を見れば、1919年25％、21年22％、23年20％、25年23％、27年20％、29年25％、31年19％であった。客室は1919年の113室から1931年に135客室へ増加したにもかかわらず、その4分の1しか使われていなかったのである。

ホテル別に稼働率が把握できる年度のうち、もっとも古い年に当たる1929年を取り上げてみると、朝鮮ホテル（客室64室、定員113人）31％、釜山ステーションホテル（15室、26人）16％、新義州ステーションホテル（9室、16人）13％、平壌ホテル（24室、54人）17％、温井里ホテル（9室、18人）29％、長安寺ホテル（14室、23人）79％であった。ホテル全体（135室、250人）25％であった。当初外部には適したホテルがなかったため、鉄道ホテルが設置されたが、1920年代になると外部にも旅館などの宿泊施設が整えられ、競争上比較的料金の高い鉄道ホテルの利用客数はそれほど伸びなかったのである。金剛山に位置して年間170～184日しか営業せず、施設利用が少ないと思われがちな長安寺ホテルの稼働率がもっとも高かった。朝鮮と中国の国境地帯の新義州では1日平均利用客が2人に過ぎなかった。稼働率50％で損益分岐点を越えることが珍しいことから、稼働率25％は鉄道当局にとって赤字要因とならざるをなかった。また、ダイナーでも、宴会はやや増えたものの、宿泊客たる食事客は一貫して減っており、一般の食事客も1923年の後には低下傾向を示した。

これがホテル経営にとって打撃になったことはいうまでもない。各鉄道ホテル収支は損失を記録し続けたが、1926年には「一向不振」であった(32)。1925年に損失額が1万4,907円であったのに対し、その翌年には3万5,787円を記録した。1927年2月までの「現計」によれば、総収入73万2,908円、総支出76万8,696円、差引損高3万5,787円の支出超過であった。その内訳を示せば、釜山・平壌の両鉄道ホテル2万1,712円、朝鮮ホテル8,320円、金剛山温井里ホテル7,068円、同長安寺ホテル6,510円の順序であった。ホテル規模に比べて損失の深刻であったのが釜山、新義州の各ホテルであった。その反面、停車場構内食堂並びに「東莱温泉場」は良好であって相当な成績を示した(33)。とはいうものの、1920年代末には年間6～10万円の赤字を記録し、赤字体質を免れることはできなかった。

こうしたホテル直営の赤字を日本国鉄のように鉄道経営の黒字部門でカバーできれば問題ないが、朝鮮鉄道局の国鉄経営自体が慢性的な赤字体質であった。そこで、総督府鉄道局は経費節減を目的にホテル・食堂車・構内食堂の経営を民間委託することを決定した。満鉄では同様の問題に対して南満州旅館株式会社（専務横山正男）を資本金800万円で設立し、1928年1月1日にヤマトホテルなどの旅館事業と食堂車の経営を担当させていた。これが総督府鉄道局にとって参考事例になっただろうが、その後、昭和恐慌による経営不振もあり、1931年4月1日には再び満鉄直営に戻した。満鉄の場合、収益性が優れたため、ホテル程度の赤字は大きな負担にならなかったといえよう(34)。

一方、赤字体質の朝鮮国鉄において世界大恐慌の影響は大きいものであった。鉄道輸送は当然減少したが、なお日本内では国債発行による鉄道投資金の調達が難しかったため、朝鮮での鉄道投資も一時的に頓挫した。そうした中、「行政整理委員会」によってホテル経営の民間委託が決定された。国家財政難で予算緊縮を余儀なくされ、財務当局が財政整理上赤字防止策を鉄道当局に要求したのである(35)。膨大な赤字に悩んでいた鉄道局では1932年度に2、3鉄道ホテルの閉鎖措置が行政整理委員会で決定されたのを機会に(36)、「行政整理方針からこの鉄道附帯事業から生ずる10万円の赤字が問題化し時の大村鉄道局長、戸田理事は民間委託経営に移すとしてこれを一般から公募するか否かは相当研究した」(37)。

総督府鉄道当局はホテル関係従業員の失業と動揺を考慮し、従業員をそのまま継承させる方針を決定した(38)。その上、「朝鮮ホテル及び食堂車株式会社」（資本金20万円4分1払込）を創設し、それに京城、平壌、新義州、長安寺、温井里の各ホテル並びに駅構内食堂、列車食堂の経営を委任

することとなった(39)。官営の場合、「諸経費の6割以上を占める材料費の運用が諸法規の拘束を受け、極めて不合理な点があるのと諸器具のごときも非常に高級品を使いすぎている」から、「会社経営に委ねることになれば材料費50万円の1割から2割は十分節約でき、利益をあげ得るとの成算」が立つと見たのである(40)。

こうして、1932年3月31日に朝鮮鉄道ホテル経営会社が設立された（表2）。朝鮮鉄道ホテルの「株は一般に公募せず現在のホテルならびに食堂車の支配人コック長などで引受けるもので、利益配当は7分を限度としそれ以上の場合は半分を鉄道局に収める」ことが条件であった(41)。社長は南満州旅館株式会社のように、当分置かず、当時朝鮮ホテル支配人の酒井順一が専務に、井上副支配人、長島司厨長釜外4ホテル主任、大高食堂車主任の8人が常務に就任した(42)。同社員は鉄道局直営時代と別の移動がないものの、20人程度の整理が行われ、会社のマンパワーは雇員以上119人（名誉職級88人を含む）、傭人153人、臨時傭人46人、合計272人であった。委託経営中「赤字十万円内外を防げればよいというのが出発点で会社は欠損を招かざるとを信条とし諸設備人件費を節約し消極的経営でやってきた過去十有七ヶ月の会社側としては苦心経営収支相償う程度の成績」を記録した(43)。

しかしながら、このような消極的経営方針に基づくホテル経営は内外の反発を引き起こした。委託経営措置が当時恐慌の影響を受けていた「一般旅館の者を脅かすというので、非常なセンセーションを捲き起こし」た(44)。京城地域の旅館業者の利害を代弁する京城旅館組合は1932年3月24日に鉄道当局を訪れてホテル及び食堂の委託経営に対する反対意見を陳情した。この動きは京城に限定されず、釜山でも見られ、釜山旅館組合は役員会を開き、その対策を検討しており、駅食堂並びに駅弁販売業者も危機感を持ち、とりわけ釜山桟橋の岡村食堂や岡本駅弁当販売店は「ホテル及び列車食堂経営会社の進出圧迫を極度に恐れて既得権擁護の猛運動に着手し」た(45)。委託会社による鉄道ホテルの営利主義は一般宿泊業者や関連外食業者にとって強力な競争者の登場を意味したので、

表2　朝鮮鉄道ホテル経営株式会社

本店	京城府長谷川町87
設立	1932年3月31日
資本金	200,000円
払込金	50,000円
決算期	3月
配当率	第1期繰越
目的	①ホテル経営並びにこれに附帯する事業、②停車場及び列車内の食堂営業、列車内の物品販売ならびにこれに附帯する事業、③前各項に関する一切の事業（従来朝鮮総督府鉄道局直営のホテルなどの営業を委任経営）
重役	専務取締役は（京城）酒井順一、常務取締役（経理）広田隆治、取締役は（食堂車）大高常之介、（平壌）河原木宗橘、（釜山）宮川肇、（京城）井上三郎、監査役は（旧鉄道技師）岩崎眞雄、（旧鉄道員）百瀬波男
ホテル主任	朝鮮ホテルの主任は酒井順一、平壌鉄道ホテルは河原木宗橘、釜山ステーションホテルは宮川肇、新義州ステーションホテルは堀内十勝、長安寺ホテルは伊藤龍、温井里ホテルは永井実
京城駅構内食堂主任	大橋常之介（食堂車主任を兼任）
大株主	4000株（11人）の中、酒井順一、大高常之介、廣田隆治（各1000）

資料：東亜経済時報社編『朝鮮銀行會社組合要録』1933年5月；「鉄道ホテル民営に非難の声：吉田局長は反対意見　直営か払下か根本解決研究中」『釜山日報』1933年6月6日。

委託経営が実施されても本来の非営利主義に基づく鉄道ホテルの直営が望まれたのである。

一方、利用者側からも委託経営に伴うサービス質の低下が懸念された。すなわち、民営されてから1年が経過した時点で、「一向替り栄もせず売品値段設備及びサービスの点においても改善された点を認められるものなく一般旅客から不満の声を耳にして」いた。「ただわずかに食堂車内に女給を乗り込ませたくらい」であった(46)。「むしろ酔態すら目撃されるという非難」もあった。鉄道ホテル投資額は200万円内外であったにもかかわらず、この国有財産をほとんど無償貸付で新会社が委任経営するのは「天下の利権としてこれほど有利な利権があろうか」と批判された(47)。沿線の構内売店とか駅売の場合、鉄道退職者が継承しようとしても、数百から数千円までの「権利譲渡金」を払っていることから見て、「大利権」であったものの、「旅客に対するサービスは甚だ行き届かないとの非難」が出ていた。

「付帯事業経常費」での10万円という赤字は大きな金額ではないという意見も出され、鉄道局のほうは直営復帰方案を検討し始めざるを得なかった。満州事変後、日本・朝鮮・満州間の鉄道旅客交通量が急激に増加し、とりわけ「欧亜連絡幹線の国際鉄道として旅客に対するサービス改善を図る計画」が出ており、従来と異なって鉄道ホテルの需要も大きくなった。そこで、「吉田鉄道局長も直営説に共鳴の態度を持し大いに考究する必要あり」と言及した(48)。1ヵ年8～9万円の赤字が生じるけれども、「朝鮮線のホテル構内食堂及び列車食堂のようなサービスの改善に努め旅客の誘致を図って鉄道収入の増加を期せんとする積極方針」がとられた。1933年中には次年度の予算編成に当たって「直営方針」を反映し、1934年4月1日より鉄道ホテルの民間委託を取り止めることとなった。

Ⅳ．鉄道ホテルの直営還元と経営改善

このように鉄道ホテルが再び鉄道局の直営事業となる中、大きな論争として浮上したのが釜山ステーションホテルの廃止であった。利用客が極めて少ないため、大きな赤字部門であり、1910年代初とは異なって周辺の宿泊施設がすでに多く整備されたことから、鉄道当局側はホテル機能の廃止を決定したのである。ところが、これに対する地域社会の反対は大きなものであった。1933年12月5日午後、釜山商工会議所では「商工両部会を開催して対策を協議し反対と一決、さらに6日は産業、交通部会をも開いて各部会の意見をまとめた上、当局に陳情」した。なお「同問題に関して關水［武：引用］［慶南］知事も鉄道当局の意向を確かめ」、次のような意見を示した。「釜山の鉄道ホテルが旅館部を廃止して食堂経営だけになることはもちろん釜山として大問題であって公私ともに非常な支障と不便をきたすことになりはせぬかと心配である、鉄道当局の方針によって一朝の改廃はやむをえないことであるが、旅館部の宿泊室を多少残して置くことは釜山として是非とも必要なことであるから近々局長に問合わせてみるつもりである」(49)。

これに対し、同月7日には鉄道局から佐藤作郎営業課長が来釜し、「鉄道運輸事務所が鉄道事務所に変更されるが、草梁の事務所が狭隘であったため、ホテルを撤廃し、これに充てる」方針であり、鉄道ホテルの利用者が少なく「この僅か3人位の客の便宜のため、他を犠牲にすることは鉄道予算が許さず」、さらに他にも立派な旅館があり、「旅客に不便を与える」ことはないと説明した(50)。とはいうものの、釜山商議をはじめ繁栄会、港友会、観光協会が各種会合を開催し、反対運動を展開した(51)。商議と繁栄会は政務総監にも陳情した(52)。なお釜山港友会も決議し、総督府鉄道局へ陳情書を提出した(53)。

そうした中、朝鮮鉄道ホテル経営会社に無償貸付けられた鉄道ホテルなどは満2年ぶりに総督府鉄道局へ還元された。この際、朝鮮ホテルや平壌鉄道ホテルはその経営体制が維持されたが、新義州と釜山のステーションホテルは旅館部の廃止の上、鉄道会館と改称された。また、金剛山の温井

里ホテルと長安寺ホテルは年間運営されていないため、山荘として扱われることとなり、それぞれ外金剛山荘と内金剛山荘と改称された(54)。従事員（傭人308人、雇員以上66人、計374人）は重役を除くほか、全部そのまま引き受けられた(55)。

とはいえ、ホテルの直営に際して釜山から出された旅館部廃止への反対の声が依然として続き、むしろ高調してきた。そのため、鉄道局ではホテル赤字経営にもかかわらずその陳情を受け入れて旅館部の再設置を決定して「面目を一新し貴賓室と簡易宿泊室を設備し、旅客の便利を図ると内定」した(56)。そのため、戸田主任が上城し、宿泊施設についての協議に当たった。釜山を経由して旅行する貴賓などが泊まれる宿泊施設としての鉄道ホテルの機能が重視されたのである。鉄道当局は鉄道事務所を移転し、1934年12月1日に3万円をもって工事を行い、客室3室を新設し、宿泊営業を再開した(57)。

こうして、釜山からの要請が反映され、朝鮮鉄道局の威信を勘案して追加的出費を覚悟したことはいうまでもないが、高官賓客の往来が頻繁になり、皮肉的には収入は逐年増加した(58)。そのため、鉄道当局はこの拡張案を樹立し、現在の背面2階に7室を増築すると同時に、室内部を美装することとし、1938年4月1日に客室をすべて10室へ増やし、名称も釜山鉄道会館を釜山鉄道ホテルと改称し、一般ホテル営業を再開した(59)。また、新義州鉄道会館も1941年4月20日に新義州鉄道ホテルと改称された(60)。

ところで、時折の満州事変の勃発は朝鮮国鉄の重要性を全面に打ち出した。満州との国境につながる図們、恵山、満浦の三線はその重要性が認められ、それぞれ1933年、37年、39年に建設された。そのため、1930年代に入って積極的な鉄道投資が行われたわけである。さらに、満州から清津・城津・羅津の三港を通じて裏日本に至る「北鮮ルート」が開設されるにしたがって、北鮮鉄道が満鉄に再び委託された。日中全面戦争が勃発されてから、朝鮮国鉄が持つ日本と中国大陸との架け橋としての役割が重視されただけでなく、朝鮮内の植民地工業化が急進し、鉄道輸送が客貨ともに急激に増えたのである。戦争が起る一年前の朝鮮産業経済調査会（1936）で鉄道網普及計画と鉄道改良計画が検討され、中央線の建設や縦貫鉄道の複線化事業が開始された。もちろん、戦時下の資材と労働力の不足のため、鉄道投資が計画通りには実

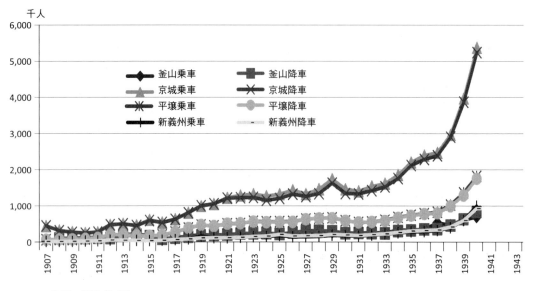

図8　釜山、京城、平壌、新義州四駅の乗降車の人員数

資料：前掲『年報』。

施されなかったものの、朝鮮縦貫鉄道に対する活発な投資ぶりが再び戦時下で現われた。

それに伴い、鉄道ホテルの直営還元後、ホテルの経営は大きく改善した。前掲図2をみれば、関釜連絡船の乗船人員は1930年代後半より爆発的に増加しており、航海度数もともに急増した。朝鮮国鉄を経由した旅客連絡輸送においても満州や日本の両方面との往来が急増していた。これがホテルの運営に影響を及ぼし、宿泊需要が増え、1940年には宿泊延人員46,912人を記録するにいたった。図8をみれば、鉄道ホテルが位置していた釜山、京城、平壌、新義州といった四つの駅における乗

図9　鉄道ホテルおよびダイナーの営業収入と鉄道ホテルの項目別収入

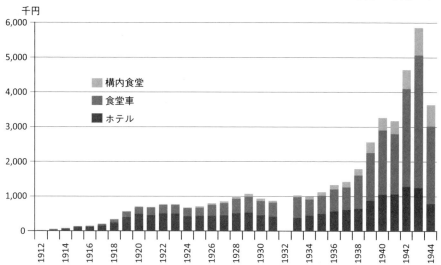
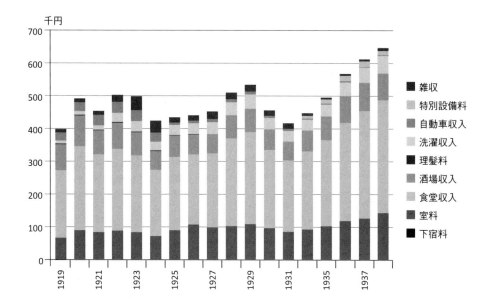

資料：前掲『年報』；鮮交会編、前掲書、623頁。
注：1．1944年度は上半期、すなわち4月から9月までである。
　　2．鉄道ホテルの項目別収入における1932-33年の統計は委託経営中であったため、不詳。

降客が1930年代半ばより急増した。京城駅ではそれが資料上確認できる1941年に500万人を超えた。それに伴い、鉄道ホテルの需要が増大し、定員稼働率は1938年に京城朝鮮ホテル42％、平壌鉄道ホテル62％、釜山鉄道ホテル60％、新義州鉄道会館42％、内金剛山荘64％、外金剛山山荘41％、合計45％であった。1920年代の25％から倍近くなっており、その後の統計は確認できないものの、前掲図6を参照すれば、少なくとも1940年代初頭までは上昇し続けたのだろう。それだけでなく、構内食堂と食堂車の利用客も増え、京城駅の構内食堂を利用した客数は1943年には103万3,383人に達した。

　鉄道ホテルと関連食堂の利用客が増えるにつれて、営業収入も増え始めた（図9）。1920年代から停滞していた営業収入は1930年代半ばから急増し始めた。ここで注目すべきなのはホテル収入より食堂車の収入が多くなったことである。日中戦争の全面化に伴い、帝国内の移動が活発になると、それに伴う「食」の要請も強くなったのである。食堂車の営業は1913年4月より京釜線第1・2・5・6列車及び京義第1・2列車に初めて導入され、その後その範囲が拡大されており、1928年9月に咸鏡線が全通して京城・上三峰間に列車運行が始まると、食堂車が連結された[61]。ホテル収入を項目別に見ても、室料という宿泊料金収入よりはホテルの食堂収入が圧倒的に大きく、全体の50％以上を占めた。1937年には朝鮮ホテルでもグリルが設置され、洋食の洗練化が図られた[62]。その次が室料、酒場の収入であった。これが鉄道ホテルの経営改善に繋がったことはいうまでもない。スキーと避暑地として有名な三方峡では旅館が足りなかったため、咸興において新しい鉄道ホテルを建設するにいたった[63]。朝鮮国鉄の本業経営自体が大きく改善し、黒字体質へ転換したことからも、ホテルの経営赤字が批判されることはもはやなくなった。

　しかし、戦況の悪化に伴って鉄道ホテルの経営にも戦時統制が加えられざるを得なかった。特に食糧不足に応じて食堂の運営においては一人当り食事量と種類に対する制限が加えられた。1938年8月には長期経済戦に対応し、一般人に模範を示すため、国営ホテルと京城駅構内食堂では結婚式あるいは宴会を実施する際、1人当り6円以上を禁止した[64]。その翌年の7月7日の「事変2周年記念日」には酒の販売と和洋食を中止し、朝飯50銭、昼・夕食1円の簡素な食事を提供した[65]。さらに、節米運動が鉄道ホテルと停車場の弁当にも適用された。国民精神運動朝鮮連盟と農林局が米の節約のため雑穀の混食や玄米飯を奨励し、1939年8月には鉄道局も鉄道ホテル、駅構内食堂、列車食堂の食事はもとより、弁当の提供においても純白米食を廃止し、6・7分精米の玄米飯あるいは胚芽米を提供し始めた[66]。同年末には朝鮮ホテル、平壌鉄道ホテル、釜山鉄道ホテル、新義州鉄道会館、京城駅構内食堂ではクリスマス・イベントが禁止され、晩餐会が中止となった[67]。朝鮮内の清酒の需給が逼迫すると、1940年3月には鉄道ホテル、京城駅構内食堂、各列車食堂において清酒の注文が一人当り1回1合に限れており、とりわけ列車食堂では定食時間中に酒類の取扱が禁じられた[68]。さらに、1937年夏の盧溝橋事件や1941年の関東軍特種演習に際して大量の軍事輸送が発生し、旅客列車運転制限と食堂車の連結停止が実施され、該当年には食堂車収入の停滞・減少が余儀なくされた。これらの措置に備えて、「鉄道局鮮内ホテル主任打合会」が開かれ、戦時下で「ホテル経営の万全策およびサーヴィス向上策など」が議論された[69]。

　特に、日米開戦後、海上輸送力が低下し、朝鮮国鉄を経由して中国大陸から日本への重要資源が輸送されるという大陸物資の陸運転嫁輸送が開始されたため、朝鮮内の鉄道輸送力はより圧迫されることとなった。鉄道輸送力の不足のため、旅客列車の圧縮が実施されており、なお食料品の入手難が生じ、鉄道ホテル、構内食堂、食堂車の営業が制限された。また、金属不足が甚だしくなり、食卓の簡素化が断行され、「卓上にずらりと並べられた一品毎の用具のうち魚料理用ナイフフォークとバターナイフを廃し」、ナイフとフォークの

数までも制限された[70]。1944年4月には旅客運賃の引上に伴って鉄道ホテル、列車食堂の営業規定が改正されて、鉄道ホテルの宿泊料金の28％引上げ、鉄道ホテル、列車食堂および駅構内食堂の定食の50銭値上げが決定された[71]。その後、朝鮮国鉄の縦貫鉄道を複線化するために1944年10月に京城電気（株）金剛山電鉄線の昌道・内金剛間49キロが営業中止とされ、その軌道設備が転用された[72]。不要不急旅行の戦時統制をも兼ねて金剛山の両山荘とも営業休止となった。もはやホテルおよび関連付帯施設の利用客が減らざるを得なくなった[73]。

V．おわりに

朝鮮内の鉄道ホテルは東アジアにおける帝国鉄道システムの形成から要請された。朝鮮の場合、日本国鉄だけでなく、満鉄よりも少し遅れてスタートした。釜山と新義州の両駅にステーションホテルが先に設置されたのに対し、朝鮮ホテルは欧州ホテルの設計調査を参照して建設され、鉄道院直営の奈良ホテルから支配人を招聘し、欧州ホテルないし日本に洗練化されたホテル運営のノウハウが朝鮮に導入された。平壌では地元の強い要請によって鉄道ホテルの建設が計画されたが、景気不況のため、その建設は遅れて実現された。さらに、金剛山では観光の便宜を図るため、二つのホテルが建設された。

それらが国際連絡輸送を念頭に置いて旅中の憩いの空間を提供することはもとより、洋式ホテルとして最先端の文化を紹介するチャンネルにもなった。このような一連の鉄道ホテルは従来徒歩や駅馬で旅していた人々を対象とする酒幕、客舎とは異なり、正確な列車運行による旅行を前提とし、それ自体が植民地民への近代化の象徴として働いたことはいうまでもない。

とはいうものの、都市部の一般ホテル・旅館の開業が続き、鉄道ホテルへの需要などは大きくならず、経営の収益性を保障できなくなった。またそれを支えられる鉄道経営の基盤も弱かったことから、ホテルの赤字は総督府財政にも響いた。昭和恐慌に際して総督府予算緊縮のため行政整理委員会では財務当局から鉄道局への赤字削減に関する圧力が寄せられ、朝鮮鉄道局は一部の鉄道ホテルを整理するよりは満鉄の南満州旅館株式会社を参照し、民間会社によるホテル委託を決定した。そのため、朝鮮鉄道ホテル経営株式会社が設立され、この会社による委託経営が実施された。

朝鮮鉄道ホテル経営会社は当然収支均衡を図り、経営改善はある程度実現できたものの、営利的ホテル経営に対する旅館業者らの反発やサービスの質的低下に対する一般利用客の批判が続けた。当時、満州国の樹立もあり、国際旅客列車の運行が増えると、総督府鉄道局は年間8～10万円の赤字経営を前提にホテル直営を決定した。その後、予想外にも国際連絡旅客輸送が増えつつ、なお食堂の利用者も増加し、経営の安定性がむしろ保たれた。とりわけ食堂車収入がホテル収入を上回り、重要な収入源となった。さらに、国鉄の経営自体が大きく改善し、黒字体質となったため、鉄道ホテルの経営収支が大きな問題になることはなかった。

その中で、帝国内のネットワークとしての植民地鉄道の性格が浮き彫りにされた。1930年代半ばになると朝鮮内の輸送需要も増えたものの、日本―朝鮮―中国東北部（満州）―中国華北間の旅客も急増した。それに伴い、鉄道ホテルとその関連事業の重要性は倍加したが、憩いの空間としてのホテルも戦時規制から自由ではなく、食材の使用と宴会の開催が制限された。

こうして鉄道ホテルは近代化された鉄道旅行を支える休みの場所であったものの、それがもっとも重要性を増したのが満州事変、日中全面戦争が勃発した1930年代である。帝国の崩壊に伴って朝鮮半島が南北分断されると、鉄道ホテルは鉄道の分断とともに、ネットワークとしての有用性を失ったものの、朝鮮ホテルの位置づけは1960年代までは続いたのである。

（1）ヴォルフガング・シヴェルブシュ著・加藤二郎訳『鉄道旅行の歴史：19世紀における空間と時間の工業化』法政大学出版局，2011年。
（2）このような側面は、日本では小林一三モデルで見られるように、貨物より旅客に全的に依存している私鉄の場合に増幅せざるを得ない。
（3）鄭永孝「『朝鮮호텔』：帝国의 理想과 植民地朝鮮의 表象」『韓国語文学研究』55、2010年、317-348頁。
（4）金景漢「日帝強占期의 鉄道호텔에 関한 研究」『컨벤션연구』37－1、2014年、149頁。
（5）鄭在貞「20世紀初韓国文学人의 鉄道認識과 近代文明의 受容態度：崔南善・李光洙・廉想渉・李箕永」ソウル市立大学校人文科学研究所『人文科学』7、2000年2月。
（6）朝鮮総督府鉄道局『朝鮮鉄道史 第1巻』1929年。
（7）廣間準一「鉄道会社初のホテル事業進出経緯」『大阪観光大学紀要』第15号、1925年3月、53-62頁。
（8）奈良ホテル『百年のホテル』2012年、37-48頁。
（9）台湾総督府 編『台湾鉄道ノ概況』1934年、59頁；運輸省『日本ホテル略史』1946年。
（10）浮田英彦「南満洲鉄道株式会社に見るホテル事業に関する基礎研究：運輸部営業課の運営管理であった1907年（明治四十年）八月～1927年（昭和二年）十二月を中心として」『福岡女学院大学紀要 人文学部編』18、2008年2月、133-150頁。
（11）運輸省、前掲書。
（12）朝鮮総督府鉄道局編『朝鮮鉄道史 第1巻』1929年、532-533頁。
（13）「鉄道호텔開始期」『毎日申報』1911年11月1日。
（14）前掲『朝鮮鉄道史 第1巻』531-532頁。
（15）「鉄道호텔 新設」『毎日申報』1911年11月21日。
（16）「釜山鉄道호텔」毎日申報』1912年4月14日；「釜山의 鉄道호텔」『毎日申報』1912年5月12日；「鉄道호텔開業期」『毎日申報』1912年7月7日；運輸省、前掲書。
（17）「鉄道호텔의 位置」『毎日申報』1912年5月14日；「鉄道호텔用地」『毎日申報』1912年6月18日；「京城鉄道호텔」『毎日申報』1912年8月16日；「鉄道호텔建築地」『毎日申報』1912年8月31日；「鉄道호텔決定」『毎日申報』1912年11月15日；「京城鉄道호텔起工」『毎日申報』1913年2月23日。
（18）George de Lalandeは1872年にドイツのHirschbergで生まれ、ベルリン工学部（Technischen Hochschule Charlottenburg）を卒業し、日本に建築設計事務所を持ち、三井銀行大阪支店、オリエンタルホテル、朝鮮総督府庁舎、邸宅、アパートなどの建築設計に携わった。
（19）例えば、デラランデーの設計では客室は29室であったが、3階まで客室にして50室以上の客室へ増やされた。「創業当時の朝鮮ホテルを語る座談会」『朝鮮鉄道協会会誌』19－9、1940年9月、32-44頁。
（20）前掲「創業当時の朝鮮ホテルを語る座談会」32-44頁。
（21）「天才의 聾仙畵伯이 描寫한 朝鮮호텔의 大壁画、釜山호텔과 鉄道学校에도, 得意의 彩筆로 한 번 그릴터」『毎日申報』1922年2月16日。
（22）「共進会와 金剛山, 自動車 開通과 鉄道호텔, 持地土木局長 談」『毎日申報』1915年3月13日。植民地期金剛山観光開発については李良姫「金剛山観光の文化人類学的研究」広島大学大学院国際協力研究科博士学位論文、2004年3月を参照されたい。
（23）「金剛山호텔業営期間変更」『東亞日報』1920年4月22日；「長安寺郵便開設」『東亞日報』1923年5月19日。
（24）「平壌의 鉄道 호텔, 松永保存会長이 総督에게 請願함」『毎日申報』1915年9月25日。
（25）「平壌鉄道호텔」『毎日申報』1917年7月24日。
（26）「平壌駅 大改築, 工費는 三十五万円, 鉄道호텔까지 建築, 굉장할 模様」『毎日申報』1920年8月30日。
（27）「鉄道十年計画中의二十余駅改築案」『東亞日報』1926年8月7日；運輸省、前掲書。
（28）鮮交会編『朝鮮交通史』1986年。
（29）運輸省『日本ホテル略史』1946年12月。
（30）「錦繡의 江山, 平壌에」『東亜日報』1921年10月14日；「巡回探訪（四百八）世界的楽園인 金剛을 자랑」『東亜日報』1927年8月18日；「錦繡江山 봄을 찾아 黄金国珍客来訪」『東亜日報』1933年4月6日；「忽忽한 観光 一日의 朝鮮知識」『東亜

日報』1932年7月3日;「로타리 会員 平壤을 観光」『東亜日報』1938年5月19日.

(31)「窃盗한 収入으로 朝鮮호텔 生活」『東亜日報』1922年9月14日;「病児 為하야 五十七次窃盗」『東亜日報』1928年5月11日;「호텔에 窃盗被害는 千余円」『東亜日報』1929年8月21日;「호텔의 紳士 金時計를 詐欺」『東亜日報』1935年7月16日.

(32) 原資料では平壌鉄道ホテルのみが2万1,712円の赤字を出しているが、釜山鉄道ホテルの赤字を示せずに、釜山と平壌の両ホテルの赤字が最も大きいと書かれているため、2万1,712円の赤字はこの両ホテルで発生したものと看做す。「鉄道直営 호텔 損害三万余円」『毎日申報』1927年4月20日.

(33) 1917年から24年まで朝鮮国有鉄道は満鉄によって委託経営されたが、東萊温泉の将来性を見て泉源、浴場、土地などを20万円で購入し、これが委託経営の解除後、朝鮮総督府鉄道局の所有となった。「東萊温泉経営主体 鉄道局営不可ならば道に移管せよ」『釜山日報』1929年7月6日.

(34) 林采成「満鉄における鉄道業の展開：効率性と収益性の視点より」『歴史と経済』55(4)、2013年7月30日、1-15頁.

(35)「明年四月からホテル食堂直営」『釜山日報』1933年9月1日.

(36)「赤字の鐵道ホテル民營實現を見る」『大阪毎日新聞(朝鮮版)』1932年3月25日.

(37)「鉄道ホテル民営に非難の声：吉田局長は反対意見 直営か払下か根本解決研究中」『釜山日報』1933年6月6日.

(38) 前掲「鉄道ホテル民営に非難の声」.
(39) 前掲「赤字の鐵道ホテル民營實現を見る」.
(40) 前掲「赤字の鐵道ホテル民營實現を見る」.
(41) 前掲「赤字の鐵道ホテル民營實現を見る」.
(42)「鐵道호텔會社 当分無社長制」『毎日申報』1932年3月30日.
(43)「明年四月からホテル食堂直営」『釜山日報』1933年9月1日.
(44) 前掲「赤字の鐵道ホテル民營實現を見る」.
(45)「ホテル経営に反対の気勢 打撃甚大となりとして」『釜山日報』1932年3月27日.
(46) 前掲「赤字の鐵道ホテル民營實現を見る」;「列車食堂に女給仕奉仕」『東亜日報』1932年6月2日.
(47) 国費から17万円の補助を与え、新社は17万円の上納金をさせる条件であるから、国有営造物を無償で新会社へ貸付けた。各所の営造物保存と修繕費は鉄道局が維持することとなっていた。前掲「鉄道ホテル民営に非難の声」.

(48)「明年四月からホテル食堂直営」『釜山日報』1933年9月1日.
(49)「鉄道ホテルの存続を商議が陳情」『京城日報』1933年12月7日.
(50)「面目問題に捉はれた反対は寧ろ愚だ」『南鮮日報』1933年12月9日.
(51)「ホテルの宿泊室廃止は已むを得ない 利用価値甚だ貧弱だ：釜山にて佐藤営業課長談」『南鮮日報』1933年12月10日.
(52)「ホテル閉鎖反対運動を開始：商議と繁栄会が先つ奮起、政務総監へも陳情」『京城日報』1933年12月10日.
(53)「釜山鉄道ホテル旅館部廃止反対、釜山港友会決議：決議文を鉄道局長に提出」『釜山日報』1933年12月12日;「港友会から鉄道局へ陳情書：釜山の鉄道ホテル廃止に本格的の反対運動」『京城日報』1933年12月13日.
(54)「鉄道局経営의 三処호텔 改称」『東亞日報』1934年3月24日;「各地의 호텔을 鉄道局서 直営」『東亞日報』1934年4月3日.
(55) 朝鮮鉄道ホテル経営株式会社の専務取締役であった酒井順一は清津で1934年9月1日に開業した国際ホテルに携わった.
(56)「鐵道호텔 復活을 協議 釜山戸田主任上城」『毎日申報』1934年4月20日.
(57)「鉄道事務所 愈々四日に引越し ホテルは近く増築」『釜山日報』1934年5月4日;運輸省『日本ホテル略史』1946年12月.
(58)「釜山鐵道會館 "호텔"로 擴張 明春以内로 實現乎」『毎日申報』1935年11月12日.
(59)「五ヶ年振りに釜山鉄道ホテル 四月一日から名称復活」『釜山日報』1938年3月27日.
(60) 運輸省、前掲書
(61) 前掲『朝鮮鉄道史第1巻』532-533頁.
(62)「朝鮮호텔『ユリ』鉄道局서 設置準備」『毎日申報』1937年4月24日.
(63) これらの新築計画が戦時下の資材不足のため実現されなかった。「三防에 大호텔 鉄道局서 新築計画」『毎日新報』1941年1月20日;「咸興에도 鉄

道호텔」『毎日新報』1941年3月23日。
(64)「鐵道局호텔、食堂에 國策的營業實施 六圓以上 注文謝絶」『毎日申報』1938年8月9日
(65)「술 없는날 鉄道直営호텔施行」『毎日申報』1939年7月6日。
(66)「汽車食堂에도 混米」『東亜日報』1939年8月23日；「호텔停車場 벤토도 흰쌀밥과 訣別：鉄道局서도 節米運動断行」『毎日新報』1939年8月23日；「鉄道ニュース」『朝鮮鉄道協会会誌』18-10、1939年10月、71頁。
(67)「各鉄道호텔 聖誕祭 廃止」『毎日申報』1939年12月15日。
(68)「鉄道局直営食堂 清酒注文을 制限」『東亜日報』1940年3月5日。
(69) 1940年6月9日に釜山府内東莱温泉東莱館で開催されたホテル主任打合会には本局からの中村営業課庶務係長、河原木朝鮮ホテル主任、戸田釜山鉄道ホテル主任、堀内平壌鉄道ホテル主任、濱地新義州鉄道ホテル主任、伊藤列車食堂主任、井亀太田構内食堂主任ら10人が参加した。「鉄道ニュース」『朝鮮鉄道協会会誌』19-7、1940年7月、76-77頁。
(70)「食卓の簡素化 釜鉄ホテル断行」『釜山日報』1944年1月13日。
(71)「鉄道ホテルや列車の食堂 四月から値上げ実施」『釜山日報』1944年3月21日。
(72) 鮮交会編、前掲書、621、869頁。
(73) 図6を見れば、1944年度の統計は上半期のみであるため、それを二倍にして1943年の数値より小さい。また、戦況の悪化のため下半期に上半期より宿泊客や食堂車・構内食堂の利用客が増えたことはなかったと考えられる。鮮交会編、前掲書、623頁。

付記
本共通論題報告は、JSPS科研費17H02253による成果の一部である。

論文

日本統治期台湾の修学旅行と鉄道

曽山　毅

I　はじめに

　修学旅行は日本独自の教育旅行である。当初は軍事教練と博物観察を主要な活動としていたが、明治中期における鉄道の発達にともない修学旅行から軍事教練の要素は後退し、見学を主体とする修学旅行の定型が形成された。こうした時期に日本は下関条約にもとづいて清国から台湾を割譲される。日本は台湾に教育機関を設立するが、修学旅行は間もなくこうした教育機関に導入されることになった。

　修学旅行に関する先行研究としては、まず山本信良と今野敏彦による『近代教育の天皇制イデオロギー』があり、本研究では明治期における学校行事の形成を「天皇制イデオロギー」との関連で考察するなかで、修学旅行の形成および定着課程について検討している[1]。また、鈴木健一は山本と今野の上記研究に依拠しながら、さらに考察対象を大正・昭和戦前期、戦後期にまで拡大し、戦前においては修学旅行を創設期と確立期に区分し、国家主義的な思潮および軍国主義思想の育成が修学旅行の形態に大きな影響を与えたことを指摘している[2]。なお、上記の先行研究において、日本を発地とする海外修学旅行については言及があるが、日本植民地から日本本土や他の「外地」などを目的地とした修学旅行については触れられていない。

　戦前の海外修学旅行については、満州、朝鮮、中国などを旅行目的地とする修学旅行に関する研究がある[3]。しかし台湾については、内地に所在する学校が台湾を訪問する旅行、台湾所在の学校が内地を訪問する旅行のどちらのケースに関しても研究は、少なくとも日本ではほとんどみられない。日露戦争後に戦跡視察を目的に掲げた修学旅行が中等・高等教育機関によって実施されるようになり、「大陸」への社会的関心を背景にそれ以降、戦前期には多くの生徒が海を渡って「鮮満支」を目的地とする修学旅行に参加した。一方で、「鮮満支」に比べて当時の日本社会の台湾への関心は相対的に低く、修学旅行についても「鮮満支」方面に比較してその実施例は少なかった。こうした実施例の少なさ、当時の社会的関心の低さが研究上の関心にも多少なりとも影響していると思われる。ただし近年、台湾史研究において植民地台湾の修学旅行に関する論考がいくつかみられる[4]。

　本稿は、植民地台湾の修学旅行を鉄道との関連から検討するが、植民地鉄道に関しては高橋泰隆や高成鳳による基礎的な研究があり、台湾植民地鉄道に関しては蔡龍保の日本統治中期（1910-1936）における官設鉄道に関する詳細な研究がある。また、日本統治期台湾の観光事業全般については拙著がある[5]。

　本稿はこれらの先行する論考を踏まえながら、1880年代後半期から90年代にかけて形成された日本の修学旅行が日本統治期の台湾に導入され、その後どのように展開していったのかを、修学旅行の形成に重要な役割を果たした鉄道と関連させながら検討する。まず1880年代後半に日本で見学を主体とする修学旅行が鉄道による移動を採用することによって形成される経緯を整理する。そして、日本の台湾領有後、修学旅行はまず国語学校で導入されるが、国語学校における修学旅行について考察し、さらに『台湾日日新報』記事などを手が

かりに縦貫線、宜蘭線、阿里山鉄道などの台湾植民地鉄道が及ぼした修学旅行への影響をさぐる。

Ⅱ 日本における修学旅行と鉄道

1. 日本における修学旅行の形成
(1) 修学旅行の起源

日本において独特な発展を遂げることになる修学旅行の原型はどのように形成されたのであろうか。欧米から近代教育制度、とりわけ教員養成制度が導入されたことから修学旅行が案出されていくのであるが、校外における集団活動の原初的形態として、江戸時代の寺子屋で実施された花見や明治初期の小学校で行われた初詣や船遊びなどの慰安・親睦・娯楽を主要な目的とした活動の存在が指摘できる[6]。

初詣や船遊びなど慰安的性格をもった校外行事は1884年頃から、欧米の諸制度の影響を受けて新たな校外行事の形態へ変化した。その一つが、欧米から導入した歩兵操練の一環として実施された行軍である[7]。歩兵操練をはじめて導入したのは、1878年10月に開設された体操伝習所であった。体操伝習所では歩兵操練を80年から実施したが、そのために陸軍省に通議し教導団より教官として士官1名下士官3名を招聘した[8]。東京師範学校と体操伝習所の人事的な関係に注目すると、1878年に伊沢修二が文部省から体操取調掛に任命され、翌79年3月に伊沢は東京師範学校の校長に就任し、同時に体操伝習所の主幹を務めたことから、東京師範学校と体操伝習所の密接な関係がうかがわれる[9]。

(2) 東京師範学校の長途遠足

修学旅行は定説では東京師範学校ではじめて導入されたとされ、その直後から全国の師範学校、中学校などに普及した。東京師範学校の修学旅行は長途遠足という名称で導入されたが、のちに東京高等師範学校が編集した『創立六十年』には「行軍旅行」と表現されており、長途遠足において行軍という形式が際立った特徴であったことを物語っている[10]。

東京師範学校で軍事教練が教育活動として加わるのは、1885年5月に文部省から「東京師範学校体操科中ニ仮ニ兵式体操ヲ加フ」という示達が出されてからであり、科目の名称は兵式体操となっている[11]。同年8月には、文部省御用掛森有礼に東京師範学校監督が命じられ、同年12月には体操伝習所が東京師範学校に付属することになった。森有礼が東京師範学校監督になったことは、東京師範学校が師範学校の中核として位置づけられたこと、森の国家主義的な教員思想が東京師範学校の教育活動に直接反映することを意味していた[12]。東京高等師範学校の『創立六十年』には「兵式体操を正課の一に加えた。同時にまた軍隊に倣って行軍旅行を為すべしとの議が起こったが、本校教育趣旨に鑑み、兵式による行軍に於いても学術研究を目的とする旅行の趣意を兼ねしむるを以て適当」[13]とあり、「行軍旅行」すなわち兵式体操が本格的に正課として導入される過程において長途遠足が企図されていくことになる。この長途遠足には行軍と呼ばれる軍事教練を大きな枠組みとしながら、学校見学、博物観察なども取り入れられていた。

長途遠足の旅程などについて概要を整理しておこう。長途遠足は1886年2月15日から26日までの11泊12日の期間に、千葉県房総方面で実施された。参加人員は121名で、その内訳は中学・小学の両師範科生徒99名、兵式教員5名、学術教員5名、その他に生徒取締、会計掛、医師、喇叭手、小使、車夫となっている。車夫は2台の車に搭載した学術機器と弾薬を運ぶための人員である。生徒の服装は「各銃器及ヒ背嚢ニ外套毛布ヲ附着シ」という軍装であり、兵式の行軍形式で全行程は約260キロメートルを踏破したが、徒歩以外の移動は佐原から銚子に至る途中で小見川から船を利用しただけであった。旅行中の活動としては気象観測、トロール船による魚介類採取、地形の写生などの博物観察、成田山、香取神社、平山貝塚、印旛沼、手賀沼、銚子海岸などの名所旧跡の見学、小学校見学、行軍の4つが主要なものである。行軍は順調に実施され、習志野練兵場では二日間にわたっ

て野外演習が行われた[14]。こうしてみてくると、東京師範学校が実施した長途遠足は行軍に重きを置きながら、博物観察をそこに組み合わせ、修学旅行の原型を生み出した。長途遠足を原型とする教育旅行は修学旅行という名称で、各地の師範学校および中等教育機関に普及していった。

なお、「修学旅行」という用語についてであるが、活字媒体における初見は1886年12月に発行された「修学旅行記」(『東京茗溪会雑誌』第47号)においてである。実際に行われた教育旅行に対して使用されたのは、長途遠足が実施された翌年の1887年8月に東京高等師範学校(旧東京師範学校)が実施した約1か月の教育旅行に対してであった[15]。なお、このときの東京高等師範学校の修学旅行では行軍による移動はなくなり、上野－横川間や国府津(神奈川県)からの帰京にあたっては鉄道が利用されている。そして、公文書における初見は、1888年の「尋常師範学校設備準則」であった。そこには「修学旅行ハ定期ノ仕業中ニ於テ1ヶ月60日以内トシ可成生徒常食以外ノ費用ヲ要セサルノ方法ニ依リテ之ヲ施行スヘシ」とある[16]。

2. 鉄道による修学旅行の変容
(1) 修学旅行と行軍の分離

行軍形式の修学旅行を案出した東京高等師範では、「高等師範では行軍の際、夏冬季休業中、春季試験後に限定、兵式用具を携帯せず、一泊か日帰り」[17]という例規が1888年頃に設けられた。各地の師範学校で長途遠足に倣って行軍を主要な移動手段とする修学旅行が実施されていくなかで、東京高等師範は修学旅行と軍事教練を切り離し、生徒の移動に際して鉄道を利用し、見学と博物観察を中心とした修学旅行に移行している。ただし、東京高等師範では教育活動として軍事教練の要素がなくなったわけではなく、行軍などの軍事教練は修学旅行から独立して正課として行われることになる。

修学旅行における軍事教練的な要素には、森有礼や当時の文部省の意向、あるいは全国の師範学校の範となる地位にあった東京師範学校の方針が相当に影響していたと思われるが、修学旅行を行軍形式にするか分離して実行するかは学校長にその裁量権が認められていたようである。すくなくとも修学旅行の形態について文部省が各地の学校にたいして強い指導力を発揮したということではなかった。その結果、軍事教練を取り入れた修学旅行が各地の師範学校で導入される一方で、東京高等師範学校のように修学旅行と行軍を分離して実施する形態も同時に全国で展開されることになった[18]。

(2) 鉄道利用と修学旅行

軍事教練が修学旅行から分離することを最終的に決定するのは学校長であるが、こうした学校教育の内部的要因のほかに、軍事教練の分離を助長した外部要因として、鉄道の発達と首都東京における博覧会の開催があった[19]。修学旅行における移動手段が徒歩から鉄道に移行したのは、修学旅行先として潜在的に誘致力のある東京や京都・大阪が鉄道によって容易に来訪可能になったからであったが、さらに東京や京都、大阪の誘致力を高め、鉄道を利用した見学主体の修学旅行に切り替わる契機となったのが内国勧業博覧会の開催であった[20]。

鉄道は1872年に新橋－横浜間に日本初の鉄道が建設されたのち、西南戦争後の財政難によって官設鉄道は東海道線の建設に集中し、他の路線は民間資本による建設が先行した。89年に新橋－神戸間の東海道線が全通すると、日本全国の開業路線は官私鉄合計で1052マイル(約1693キロメートル)に達した。この時点で日本の鉄道網をみると、北は仙台、塩釜まで日本鉄道が開通し、西は山陽鉄道線が兵庫から姫路まで伸びていた。日本鉄道が上野－高崎間に開通し、軽井沢からの官設鉄道が直江津まで伸びていた。その他に関東では水戸、両毛、甲武、近畿では大阪、阪堺、その他に北海道の幌内、四国の讃岐、伊予の各鉄道が開通していた。九州では鉄道の開業は遅れたが、1891年には九州鉄道の門司－熊本間、筑豊興行鉄道の若松－直方間が開業し、同年には日本鉄道の上野－青森間が全通した[21]。

1890年代に入っても日本全土を鉄道網で覆うという状態にはほど遠く、修学旅行が全行程を鉄道によって移動できるようになるのは、しばらくの時間を要する。しかし、徒歩による数日の行程をいとわなければ東海道線、山陽鉄道、日本鉄道などの駅に達し、そこから帝都東京をめざすことが可能になった。つぎにこうした修学旅行の事例として、鳥取県尋常師範学校の修学旅行を紹介する。

(3) 鳥取県尋常師範学校の事例

鳥取県尋常師範学校は1890年8月1日から8月19日までの19日間に渡って東京、京都、大阪方面を旅行している。参加したのは教職員5名と4年生21名の計26名であった。鳥取から山陽鉄道の有年駅までの往復路は徒歩によりそれぞれ2泊3日を費やしている。有年から神戸までは山陽鉄道、神戸から横浜間は船舶によって移動し、横浜－新橋間は再び鉄道を利用している。その後、東京で各所を見学したのち、復路は新橋から東海道線を利用して夜行列車で関西に移動し、大阪・京都各所を見学したのち有年に戻っている[22]。

鳥取県尋常師範学校の修学旅行の参観場所を確認しておこう。参観地のなかで多いのは学校である。東京帝国大学、東京高等師範学校、東京音楽学校、東京美術学校、工科大学、理科大学、東京盲亜学校を訪問している。その他に軍関係の学校として、海軍大学校、陸軍士官学校、陸軍幼年学校を訪問し、さらに軍関係の施設として陸軍砲兵工廠を訪れている。さらに、文部省、鳥取県知事邸宅（所在地湯島）、旧藩主池田候邸宅（所在地向島）、官庁街、上野公園、動物園、帝国博物館、小石川植物園、ラシャ製造工場（所在地千住）、湊洽館（神田所在の工業製品陳列施設）、社寺では湯島聖堂と増上寺、そして二重橋を訪れている。京都では、南禅寺、黒谷寺、清水寺、方広寺、三十三間堂を参観し、大阪では鎮台練兵場、四天王寺、生国魂神社、大阪城、第八旅団、天王寺、仁徳天皇陵を見学している[23]。

このように学校所在地から東京までの往復路は鉄道を利用し、東京で各所を見学する修学旅行は、長野県尋常師範学校の事例などにも確認できる。

長野県尋常師範学校は1890年7月22日から8月10日までの20日間、東京を主な見学地とする修学旅行を実施した。その際に第3回内国勧業博覧会を見学している。参加者は教職員11名、生徒は84名であった。長野駅から軽井沢までは鉄道で移動し、鉄道が開通していない碓氷峠は徒歩で越え、横川から再び列車に乗って東京に向かっている[24]。

これらの事例に見られるように、鉄道がもつ長距離・高速移動という特性を活用して、参観地が集積する東京や京阪神を対象とした見学主体の修学旅行が生み出された。そこでは軍事教練や博物観察は後退し、帝都においては近代化の成果が官・軍・民、高等教育などの領域から確認され、他方で京阪地域では明治以前の歴史と伝統文化の価値が近代化と対照しながら確かめられる。こうした修学旅行は日本領有後の台湾においても領台早期から導入されることになる。次章では国語学校における内地修学旅行について、日本国内で形成された鉄道を利用した見学主体の修学旅行との関係を検討する。

Ⅲ 国語学校による修学旅行

1. 国語学校による内地修学旅行

日本国内で中等教育機関を中心に普及を遂げつつあった修学旅行は、台湾が統治されて間もなく国語学校に導入されることになった。国語学校は台湾統治に必要な幹部教員や公学校教員、日台の語学力を有した人材養成を目的に1896年、台湾総督府によって台北に設立された教育機関で、翌97年から授業が開始されている。師範部（日本人男子を対象とした甲科、台湾人男子を対象とした乙科から構成）、語学部（日本人男子を対象とする土語科、台湾人男子を対象とする国語科から構成）が設けられ、その後中学部、実業部、付属女子教育機関などが設置されていく[25]。

国語学校ではじめて実施された修学旅行は国語伝習所を修了した語学部国語科台湾人新入生を対象とした「内地修学旅行」で、対象となる24名の台湾人生のうち21名が参加している。九州北部、

山陽地方、京阪神、東京などの各地を1897年7月16日から同年9月9日までの56日間にわたって旅行している[26]。全員が参加しなかった事情として、一部の台湾人生徒に長期の旅行に対する忌避があったことが新聞報道に確認できる[27]。第2回の内地修学旅行は1903年3月に実施され、第5回内国勧業博覧会参観を兼ね、師範部、国語部、実業部の生徒250名が参加した[28]。第3回は1907年6月22日から7月19日までの29日間にわたって実施され、参加したのは日本人生徒からなる師範部甲科1年生、台湾人からなる師範部乙科4年生と国語部4年生の総勢85名であった。台湾人生徒は69名中55名、日本人生徒は30名全員が参加している[29]。その後、国語学校による内地修学旅行は台湾人生徒を対象として1910年に実施され[30]、翌11年は実施されず、12年から台北師範学校に改組する前年の18年まで毎年実施された。

2．内地修学旅行の概要

(1) 第2回内地修学旅行の参観地

修学旅行に関する国語学校の規定をみると、「(明治30年7月1日) 本校職員及び生徒学術実地研究または観光の為に行う旅行の旅費支給規定を定め」とあり[31]、修学旅行の目的として「学術実地研究または観光」を挙げている。また、1913年の内地修学旅行に関して、「伏見桃山御陵参拝及宮城拝観を主とし内地文化の実況を見学の為」[32]とされ、国体観念の修養や内地の実情理解を掲げている。なお、伏見桃山陵は崩御間もない明治天皇陵である。

1903年に実施した第2回の内地修学旅行については、比較的詳細な参観地がわかっているのでルートと参観地を確認しておこう[33]。なお ( ) 内は各参観都市における見学対象である。
基隆港→下関 (安徳天皇陵、亀山神社、春帆楼、下関神社、平家の墓、八幡宮) →門司→神戸 (湊川神社、諏訪山公園、居留地) →京都 (太極殿、武徳殿、第4回内国勧業博覧会跡地、銀閣寺、下賀茂神社、大徳寺、金閣寺、北野神社、二条城、京都師範学校、盲唖院、京都帝国大学、織物会社、本願寺) →奈良 (東大寺、大仏殿、春日大社、三笠山) →静岡 (富士山) →東京 (東京帝国大学、上野公園、東京高等師範、東京女子高等師範、皇居、貴族院、衆議院、海軍省、警察監獄学校、裁判所、大蔵省、大審院、駿河台、遊就館、盲唖学校、渋谷駅) →横須賀→鎌倉→名古屋→大阪 (第5回内国勧業博覧会、造幣局、大阪城、水族館、築港工事) →神戸→門司→長崎→基隆

基隆を出発した旅行団は下関に上陸し、門司、京都、奈良、静岡を経て、東京に至っている。東京各所を見学後、横須賀、鎌倉、名古屋、大阪を巡り、神戸から門司、長崎を経由して帰台している。利用交通機関であるが、長崎－門司－下関－神戸については船と鉄道双方の可能性があるが、その他の移動は鉄道と考えてよいであろう。帰路の神戸－門司－長崎については海路であろう。

(2) 日本本土の修学旅行との比較

上記の見学地ついては遺漏が若干あると思われるが、全体的な傾向として参観地は寺院と神社など日本の伝統を表象する建築物と近代化の成果を示す施設類から構成され、関西では両者が対照され、東京・神奈川では社寺は少なく、高等教育機関、官庁、近代公園、海軍関係施設などの近代化の成果を示す参観地が強調されている。これらの参観地の傾向は鳥取尋常師範学校の事例と近似した部分が少なくなく、博物観察や身体鍛練的な要素がないことも共通している。また東京を出発して横須賀を見学したあと鎌倉に至るルートは長野県尋常師範学校に実施例がみられる[34]。鳥取尋常師範学校では最寄り駅まで徒歩で3日間かけて移動しているが、国語学校の内地修学旅行では極力徒歩に頼らない旅程が組まれ、移動における近代が演出されている。このように国語学校の内地修学旅行には1890年代に形成された師範学校や中等教育機関で実施された東京・京阪神を対象とした見学主体の修学旅行との間にかなりの共通点が見いだせることから、国語学校の内地修学旅行は日本国内で実施されていた師範学校などの修学旅行をモデルにして実施された可能性をうかがわせ

る。

　内地修学旅行のルートはその後、初期にみられた長崎への立ち寄りはなくなり、基隆から乗船し神戸あるいは門司に上陸し、関西、中部、東京を周遊したのち、帰路は神戸あるいは門司のうち上陸地点と異なる港湾から乗船するようになり、旅程は20日前後に短縮される。その他の参観地として福岡が1916年、17年、18年の旅行に、18年には日光が参観地に加わっている。また瀬戸内海も移動するだけではなく、厳島神社、呉軍港、江田島の海軍兵学校などにも年度によっては立ち寄るようになった。滞在日数に変化がないにも関わらず、参観地が増え広域化している理由の一つには鉄道を中心にした国内交通機関の利便性の向上があったと思われる。

　国語学校の内地修学旅行が日本国内で実施された師範学校の修学旅行を参考にしたということは、東京高等師範および日本各地の師範学校と国語学校の人事的関係から伺うこともできる。総督府民政局学務部長心得はかつて東京高等師範学校長を務めた伊沢修二があたり、台湾各地に置かれた国語講習所の講習員は全員師範学校出身者であった。

　さて、国語学校は台北師範学校、台北中学校、台北女子高等女学校などに分離し、1918年にその役目を終えるが、国語学校が実施した内地修学旅行は、日本統治期台湾の中等教育機関で実施される内地修学旅行の定型となった[35]。内地修学旅行の実施が戦争によって中止される1942年頃に至るまで旅行の範囲は概ね九州北部から日光までに限定され、国語学校が作り上げた内地修学旅行の定型と比較して日程やコースに大きな変動は認められない。1920年代になると九州では別府を訪れるケースが散見され、熊本、高松まで足を延ばす事例、日光以北としては仙台を訪れる事例がでてくる[36]。他方、訪れられることの少ない地域として北海道、東北、山陰、北陸、上信越地方が挙げられる。これらの地域は林学や農学などの演習地として訪れられるケースを例外として、参観地の集積が少ない点や日程上の優先度、交通機関の制約などの理由から定型的なコースから外されたと考えることができる。

Ⅳ　鉄道と島内修学旅行圏

1．島内修学旅行と鉄道
（1）本土から移植された修学旅行

　国語学校は内地修学旅行とは別に台湾島内においても修学旅行を行ったが、新聞報道によってその実施が最も早く確認できるのは、1898年3月に行われた新竹方面への4日間の旅行である。この旅行には日本人生徒からなる師範部23名、語学部土語科31名、台湾人生徒からなる同国語科23名、引率教職員12名が参加している[37]。1899年12月には、台北師範学校が三角湧（のちの三峡）、大嵙崁（同、大渓）、鹹菜硼（同、関西）、桃仔園（同、桃園）、新竹方面への修学旅行を実施している[38]。これらの島内修学旅行では路程の一部や片道を鉄道や沿岸海路に頼り、その他の部分は徒歩によって移動し、その過程で史跡や生業の見学、自然観察・博物採集などを行っている。また、修学旅行に軍事教練を組み込んだことは新聞報道や記録類からは確認できない。博物観察などを主体とする活動形態や鉄道による移動を一部に取り入れている点に、1890年代に日本本土で普及した初期の修学旅行と共通点がみられ、島内修学旅行においても日本本土の修学旅行をモデルとして導入が図られたとみることができよう。

　前述のように台湾人生徒が内地修学旅行に参加したのに対して、日本人生徒は比較的長期の島内修学旅行を経験している。これは師範部甲科生による南部・恒春方面の旅行である。南部・恒春方面の修学旅行は『台湾日日新報』（1906年12月5日）が初出で、1907年、09年、10年の冬期休暇における実施が『台湾日日新報』記事で確認できる。09年には師範部甲科生25名が12月22日から1月8日の18日間にわたって実施する予定であると同紙では報道されている。台北を出発した旅行団は海路で大板埒に上陸し、前半は学校、市街、官衙、灯台、植育場、蕃童学校などを見学し、同時に動植

物、地理、歴史の研究および鉱物博物の採集を行う。31日に枋寮に至り、1月1日より生徒は引率者と分かれて各3名8組に分かれて地理、社会、教育、生業その他調査とともに、台湾語の実地練習旅行を行い北上し再び新竹で集合したのち帰校する(39)。師範学校甲科（日本人生徒）では台湾語の習得に重きをおいており、各学年において週30時間の授業時間中「台湾語」が7時間を占めていた(40)。

植民地台湾の修学旅行について考察することは、支配と被支配の関係や植民地の権力関係を浮かび上がらせることでもある。これは国語学校での教育を修了したのちの両者の進路にも表れている。1909年12月に島内修学旅行に参加した25名は翌10年3月に卒業したが、その4年後の進路が分かっている。公学校校長10名、公学校教諭13名、死亡1名、不明1名である(41)。これに対して同年3月に卒業した師範部乙科生は、46名中25名が公学校訓導、1名が役場書記、死亡1名、不明者19名であった(42)。

台湾人生徒が日本を見学し、日本人生徒は台湾の事情と言葉を学んだのであったが、これはお互いに異文化を学ぶという対称性をもった関係ではなく、植民地の権力関係において非対称であった。内地旅行は被統治者として統治に協力するための旅であるのに対して、日本の島内旅行は統治者側が統治技術を学ぶためのものであった。卒業後の処遇においても、日本人は教諭に任じられ、4年余りで公学校校長になるものがいたのに対して、台湾人は教諭を補佐する訓導の職位に甘んじたことに、こうした権力関係と両者の修学旅行の非対称性が示されている。

(2) 領台後の鉄道建設

さて、台湾における鉄道と修学旅行の関係を検討する前提として、領台後の鉄道建設について確認しておこう。

台湾における鉄道は清国統治期においてすでに基隆－新竹間に敷設されていたが、台湾の割譲を受けた日本はこの既存路線を接収するとともに、台北－台中－台南を経て打狗（高雄）に至る縦貫線を計画した。領台直後の鉄道管理にあたっていたのは総督府陸軍局や陸軍省臨時台湾鉄道隊であったが、それらにかわって1997年3月民生局臨時鉄道掛が設置され、さらに99年3月に臨時台湾鉄道施設部が新設された。99年11月には民生局臨時鉄道掛と臨時台湾鉄道施設部を廃止するとともに、鉄道部が新たに設置され両者の事務を統一的に管掌することになり、その後の鉄道建設・管理は総督府鉄道部が行うことになった(43)。

縦貫線の建設工事は基隆－新竹間の既存路線の改良工事から着手され、これは1902年3月に終了した。1899年9月に南部から新線の敷設工事は始まり、打狗（高雄）－台南間が1900年11月に竣工し、04年2月には斗六付近まで達した。新竹以南の工事は00年4月から着工され、豊原－社頭間が03年12月に軍事促成によって竣工したが、最終的に基隆－打狗間の縦貫線が全通するのは08年4月であった。また、台北と淡水を結ぶ淡水支線が01年8月に、打狗－九曲堂間の鳳山支線が07年9月に完成している(44)。

縦貫線全通以降の鉄道建設としては、台湾島内の東西連絡鉄道構想によって台東線、潮州線、宜蘭線が、地方開発線として平渓線、集集線が建設された。このほかに森林開発を目的とした鉄道として阿里山鉄道、八仙山線、太平山線が整備されている。

修学旅行を支援する制度として割引制度について簡単にふれておきたい。鉄道部が当初設定した運賃割引には、「普通団体」と「学生団体」が設けられ、「普通団体」は30人以上の一般の団体旅客に対して、等級は指定せずに1割5分から2割5分の割引率が適用された。「学生団体」は30人以上の同一学校の教職員・生徒を対象に3等に限って4割の運賃割引を行った(45)。この制度は1920年代に入ると改められ、「団体運送」のなかに同一学校の教職員、生徒、生徒の付添人を対象とした区分があり、3割から5割の運賃を割り引いた。また、こうした規定の割引とは別に、臨時の運賃割引が運用され、「体育大会選手割引」、「博覧会役員割引」とともに「校外教育」という区分が認めら

れる(46)。

(3) 縦貫線と島内修学旅行

それでは、鉄道開通は修学旅行にどのような影響を与えたのだろうか。縦貫線全線の開通は台北所在の学校が南部方面への修学旅行を実施する際に利便性を高め、島内修学旅行の広域化につながっていったと考えられる。

総督府中学校5年生（全員日本人）は1908年12月に台湾島南部方面への修学旅行を行っているが、新聞報道によれば以下のような旅程であった。12月26日に台北を出発し嘉義製糖を参観し嘉義で宿泊。27日には高雄州橋仔頭の台湾製糖を見学し、その後打狗に至り同港を視察。28日以降はガランピ、恒春、東城、東埔、琉球万民の墓、西郷従道討台当時の遺跡、四重渓石門の碑文、楓港、円山埔、蕃童公学校、枋寮、東港などを巡り、09年1月2日に鳳山、3日には台南・安平、4日は彰化、台中を経て台北に帰校する(47)。報道には利用交通機関については記述がないが、旅程の中で台北から嘉義を経て打狗に至るルートは移動距離と日程を考慮すると明らかに縦貫線を利用し、12月28日から1月2日は徒歩による移動が中心で、鳳山から台南、彰化、台中を経て台北に至る路程も鉄道と考えて良いだろう。総督府中学校の事例からは縦貫線の利用による修学旅行の変化を読み取ることができる。前述したように1909年に国語学校師範部甲科生が南部・恒春方面の修学旅行を行っているが、海路による移動はあるものの、鉄道は復路の新竹－台北間のみの利用に止めたために18日間を要している。それに対して総督府中学校の修学旅行では旅程が10日間に短縮している。まず、日程の短縮化、あるいは同じ旅行日数であれば修学旅行の広域化が可能になった。また、徒歩による移動が少なくなることによって、修学旅行における見学の要素が強まることになった。

さて、縦貫線の支線として建設された淡水線は本来、台北とその外港・淡水を鉄道で結ぶことが目的であった。しかし、基隆港の整備や縦貫線建設のための資材運搬が不要になると、淡水線の性格は行楽線に比重が置かれるようになっていく。1901年の淡水線敷設に際して、すでに北投駅が建設されているが、16年にはさら北投駅から新北投駅までの支線を建設することによって台北から北投温泉に至る利便性を高め、淡水線の行楽線としての性格を強めることになった。淡水線を使った遠足が第一小学校で1907年10月10日に行われている。事前の報道によれば、参加人員は児童教職員保護者総勢750名の見込みで、午前8時の臨時列車で台北駅を出発し、同地海水浴場付近で運動遊戯を試み、午後5時15分の列車で帰校する予定であった(48)。淡水線は日本統治期を通じて、比較的短期の修学旅行や遠足などの校外活動に対して移動上の利便性を提供した。

(4) 宜蘭線の影響

宜蘭線は台湾北東部の蘭陽地方と基隆や台北を結ぶ交通路として、縦貫線の八堵を起点として宜蘭を経由し蘇澳に至る路線として計画された。建設工事は1917年11月から開始され、第1大戦後の工費高騰などによって工事は遅れたが、全線95キロは24年12月に開通している(49)。宜蘭と終点の蘇澳間がまず19年3月に竣工し、宜蘭－頭囲間が20年4月に、頭囲－草嶺間が21年12月に竣工した。八堵側は猴石同までが19年4月に竣工し、猴石同－三貂嶺間が21年4月、三貂嶺－武丹坑間が22年9月に竣工した。

さらに武丹坑－双渓間が1923年3月に竣工し、台北と双渓が結ばれることになった(50)。これに関連して『台湾日日新報』（1923年11月3日）には「修学旅行と宜蘭　風光は全島一」というタイトルの記事が掲載されている。記事の内容は、これまで交通不便であったため宜蘭方面への修学旅行はほとんど行われなかったが、宜蘭線が双渓まで開通したため、今年になってすでに台北高等商業と台北第三高等女学校が修学旅行を実施することになっているとある。実際には記事とはやや異なり1900年代から宜蘭方面への修学旅行はある程度は実施されており、鉄道がない時期には、徒歩あるいは海路によって移動することが多かった。『台湾日日新報』における宜蘭方面への修学旅行記事を確認しておこう。

『台湾日日新報』を「修学旅行」で検索すると約1千件の記事が抽出されるが、さらにこれを「宜蘭」と「蘭陽」では絞り込むと86件の記事が確認できる(51)。初出は1900年11月12日の記事で、台北師範学校が宜蘭、頭囲、双渓、淡水をめぐる9日間の修学旅行を実施するという報道である。最後の記事は1943年12月27日の記事で、宜蘭郡壯囲公館国民学校が台北修学旅行の残金を献金するという報道である。86件の記事の中で、宜蘭を発地として他地域を訪れる修学旅行記事は19件、台北など他地域から宜蘭・蘭陽を訪れる記事は67件であった。これらの記事の掲載時期を年度別に整理すると1910年までは7件で、この期間の修学旅行関連記事149件の4.7％を占める。11年から20年までは18件で修学旅行記事380件の4.7％、21年から30年では記事は42件と増え、修学旅行記事357件の11.8％を占め、とりわけ25年は10件、26年は11件の記事が確認できる。こうした新聞報道からも宜蘭線開通の修学旅行に対する影響を伺うことができる。

さて、台湾において鉄道建設が修学旅行に及ぼした影響を整理してみよう。まず、縦貫線全通によって南部、西部、北部を結ぶ一帯が鉄道による修学旅行圏となり、さらに潮州線の延伸によって恒春地方が、宜蘭線によって蘭陽地方が修学旅行圏に加わっていった。また、こうした官設鉄道に接続する支線として製糖企業が運営する私設鉄道が台湾島内の南部・西部に稠密な鉄道網を展開することによって、修学旅行生の移動を助けた。

台湾植民地鉄道は沿岸部だけではなく、森林鉄道として阿里山鉄道や太平山鉄道、八仙山鉄道が建設され、電源開発のために集集線や石炭運搬線として建設された平渓線などがあった。こうした中で修学旅行の利便性を高めた路線としては阿里山線と集集線が挙げられる。集集線は縦貫線二水から外車埕にいたる鉄道であるが、台湾電力株式会社が日月潭水力発電所建設工事のために1919年12月に起工し21年12月に竣工した路線である。中部台湾山間部に至る鉄道であることから27年4月に鉄道部が買収して集集線として経営されることになった(52)。集集線に接続する手押し軌道などを乗り継いで埔里や日月潭に達することができるため、1920年に入ると集集線は修学旅行に利用されるようになったことが『台湾日日新報』記事に確認できる(53)。これに対して太平山鉄道、八仙山鉄道、平渓線はその建設にともない、『台湾鉄道旅行案内』はその沿線について頁を割くようになるが、これらの路線が修学旅行で利用されたことは新聞記事では確認できなかった。さて、こうした産業鉄道のなかで観光客輸送に最も多く利用されたと思われる阿里山鉄道について、とくに修学旅行との関係について次節では確認してみたい。

2. 阿里山鉄道の展開と修学旅行
(1) 阿里山鉄道の概要

阿里山鉄道は阿里山一帯の伐材搬出を目的として敷設が計画され、当初は合名会社藤田組によって1906年7月から建設が始められたが、開発認可の関係から採算が危ぶまれ鉄道建設は中止となった。その後、台湾総督府が既設路線を藤田組から買収して鉄道建設を引き継ぐことになった。工事は1910年から再開され12年末に竣工したが、13年に風水害のために運行が停止し、運転が本格的に再開したのは14年以降であった。阿里山鉄道の本線は縦貫線嘉義駅を起点とし標高2千273メートルの阿里山駅が終点である。この他に伐採地に向かう支線が敷設されている。阿里山鉄道の軌間は762ミリで、嘉義－竹崎間はほぼ平坦であるが、山地線では最大勾配が16分の1（水平距離16に対して垂直距離1、勾配6.25％）となり、スイッチバックが4か所、独立山ではスパイラル線を採用していた(54)。阿里山鉄道の営業区間は嘉義－竹崎間で、山岳鉄道の部分は便乗運転が1919年から開始され、阿里山観光に阿里山鉄道全線が利用できるようになった。

阿里山の観光地化は、過剰な設備投資に起因する伐木事業の不振、嘉義市の振興、新高新登山道路建設によって阿里山一帯が注目されたことなどが背景となって展開された(55)。『台湾鉄道旅行案内』大正12年版では、阿里山の森林資源と山岳鉄道技術については記述されているが、観光地とし

ての紹介はまだみられない(56)。『台湾鉄道旅行案内』大正13年版になると、阿里山神木や宿泊施設について説明があり、ようやく観光対象として阿里山が記述されるようになる。総督府営林所が『阿里山登山者のために』という登山案内書を発行したのは1927年である。『台湾日日新報』によれば、阿里山の年間登山者は1924年までは900人程度で あったが(57)、29年には9645人を数え、その後30年代に入ると1万人前後で推移している(58)。このように阿里山観光が台湾で注目されるようになったのは、1920年代半ば以降であったといえる。

(2) 総督府中学校の阿里山修学旅行

阿里山を目的地とする修学旅行で最も早期の事例として、1912年に総督府中学校が嘉義、北港、

表1 阿里山を参観地として日本統治期の修学旅行実施例

学 校 名	期 間	参加人員・学年・阿里山以外の見学地
総督府中学校	1912.10.11～10.17	生徒35名・引率3名
愛知県立農林学校	1913.12.25～12.29	生徒17名、引率3名、台北、台中、打狗、来台12.21 離台12.31
嘉義郡水上小学校	1924.10	児童13名、引率校長・東洋製糖社員
嘉義高等女学校	1925.1.26～1.28	3年35人
台北高等学校（第1班）	1925.12.24～26.1.2	紅毛井、屏東、鳳山、台南、台中、新竹
台北高等学校（第4班）	1925.12.25～12.30	不明
高等農業学校林学科	1926.11.15～11.20	1年14名
嘉義高等女学校	1927.2.15～	2年50名
警察官及司獄官練習所	192.7.11～7.24	23名、阿里山、新高山、島内一周各地
嘉義高等女学校	1927.10.20～10.22	2年50名
台北高等学校高等科	1928.3.24～4.3	8名、新高山、
北港公学校高等科	1928.6	阿里山か新高山
台北第一中学校	1928.8.3～8.10	5年生35名、基隆・澎湖・高雄・屏東・台南・嘉義・台中
北港公学校高等科	1929.6.5～	不明
宮崎高等農業学校	1930.7（半月）	30名、台北、台中、嘉義、高雄、角板山
台北第一高等女学校	1930.8.	不明
北港公学校高等科	1931.11.10～11.12	62名
北港女子公学校補習科	1931.11.12～11.14	1、2年35名
新竹高等女学校	1932.11.16～11.20	3年64名、嘉義、台南、高雄
静修女子高等女学校	1933.10.18～10.26	4年70名、日月潭、鵞鑾鼻
北港女子公学校補習科	1933.11.14～11.16	50名
北港公学校高等科	1933.11.16～11.18	70名
台北第三高等女学校	1934.1.7～1.13	4年114名、阿里山、高雄、屏東、鵞鑾鼻
鹿児島高等農林学校農芸化学科	1934.7.19～8.1	9名、台北、新竹、台中、嘉義、台南、高雄、屏東、鵞鑾鼻
嘉義高等女学校	1934.10.19～10.20	1年
日本武徳会武道専門学校	1935.10.29～11.7	28名、阿里山、日月潭、台中、台南、屏東、高雄
彰化高等女学校	1936.3.11～3.15	37名（内地旅行不参加者）、阿里山、台南、高雄、屏東
台北第三高等女学校	1936.4.5～4.12	4年190名、台南、高雄、鵞鑾鼻
大日本武徳会武道専門学校	1940.9.21～10.2	4年40名、日月潭、台北、台中、嘉義、台南、屏東、高雄、北投

出典：『台湾日日新報』掲載記事より作成

朝天宮、阿里山を巡る旅行を10月11日から17日にかけて実施していることが確認できる。この時期は阿里山が観光対象としてまだ注目されておらず、阿里山鉄道もまだ全線が竣工していない。『台湾日日新報』が10月12日から23日までの期間に漢文版を含めてこの修学旅行を9回も記事にしていることから、この時期、阿里山修学旅行には報道性があり、修学旅行の目的地としてあるいは観光対象としても一般的にはまだ新奇性を有していたことがうかがわれる。記事のうち5回は「阿里山旅行短信」という生徒による短い旅行記の連載であった[59]。

参加者は総督府中学校の4年生および5年生35人で3人の引率者がいた。台北から嘉義までの移動は縦貫線を利用し、嘉義－竹崎間についてはすでに運行していた阿里山線を利用した。しかし、竹崎から阿里山までは「線路に沿って進む」という記述が記事にみられるように、徒歩によって登山したと思われる。7日間の旅程の大半は阿里山登山に費やし、旅行の後半はかなりの強行軍であった。台北に帰着する前日の午前3時に奮起湖を出発した旅行団は、鉄道線路に沿って交力坪まで歩き、竹崎から汽車に乗車し嘉義に正午に到着している。その後、大日本製糖線によって北港に至り、北港の大日本製糖会社と媽祖廟見学後、嘉義から夜行列車で台北へもどっている[60]。1913年12月に愛知県立農林学校が修学旅行に台湾を訪れた際に阿里山登山を行っているが、その後1910年代には少なくとも『台湾日日新報』では修学旅行で阿里山を訪れたことは確認できない[61]。

(3) 阿里山修学旅行の導入

阿里山鉄道を活用した1930年代の代表的な阿里山観光は次のようなコースであった。嘉義駅を午前8時前後に出発した旅客は、阿里山駅に午後2時前に到着すると、そのまま支線に乗り換え、伐木、集材作業地に進み作業を見学する。その後阿里山駅に戻り、協会ホテルか阿里山ホテルに宿泊する。翌日は夜明け前にホテルを出発し支線に乗って祝山に登り、新高山連邦に向かい日の出を観賞する。ホテルへもどって朝食をとり、阿里山神社、阿里山寺を参詣し、神木をみたあと、午前10時頃に嘉義行きの阿里山鉄道に乗車する[62]。

表1は『台湾日日新報』に掲載された1910年代以降に実施された教育機関による阿里山修学旅行を整理したものである。20年代の半ばから修学旅行などに阿里山登山を導入する事例が増えていることが確認できる。これは総督府鉄道部や営林所が阿里山を観光および登山の対象としてプロモートしていく時期と重なっている。19年から山岳鉄道区間で便乗運転が開始した影響もあったと思われる。

また、記事として掲載された事例に限るならば、多様な教育機関が阿里山を訪れているが、傾向としては高等女学校の実施例が比較的多く、一部の公学校などにも実施事例が確認できる。公学校や高等女学校の阿里山登山の導入は明らかに阿里山鉄道の観光利用を物語っており、植民地台湾の旅行空間が森林鉄道によって山岳地帯へ拡張したことが、こうした修学旅行の事例によって検証できる。

V　おわりに

日本において東京師範学校で導入された「長途遠足」は、軍事教練と博物観察、名所・旧跡、学校参観などを主要な活動としており、この形式の教育旅行は「修学旅行」として1880年代の後半には全国の師範学校、中学校などに普及していく。そこでは軍事教練の一部である行軍が移動手段であったが、やがて修学旅行から軍事教練の要素が分離し、移動手段は徒歩（行軍）から鉄道利用に変化していく。1890年代になると長距離の移動には鉄道を利用した修学旅行の形式が確立する。鉄道を利用した修学旅行には大きく二つのタイプがあった。第1のタイプは「長途遠足」の行軍の部分を鉄道移動に代替したもので、修学旅行の内容としては軍事教練がなくなったほかは、博物観察、名所・旧跡、学校参観を行う点ではあまり変化がなく、比較的短い日程の修学旅行においてみられた。第2のタイプは鉄道を利用して東京や京阪神に移動し、これらの地域に集積した参観地を数日

間滞在しながら見学するもので、10日間を越えるような比較的長期の修学旅行に多く見られ、内国勧業博覧会の開催を契機として、多くの中等教育機関で実施されるようになった。ここでは当然軍事教練は欠落し、博物観察も後退し、見学あるいは観光を主体とする修学旅行の定型が形づくられ、その後戦前戦後を通じて学校教育において見学主体の修学旅行として継承されていくことになる。

日本国内で1880年代後半から90年代にかけてその定型が形成された修学旅行は、台湾が日本に領有されると、まもなく台湾の教育機関に導入されることになった。台湾統治に必要な日台の人材養成を目的に設立された国語学校では、1897年7月には語学部国語科台湾人新入生21名を対象に56日間の「内地修学旅行」が実施される。「内地修学旅行」は国語学校が改組・廃校となる1918年までに12回実施されるとともに「内地修学旅行」の定型が形成され、台湾の中等教育機関等に普及していく。

こうした「内地修学旅行」は東京・京阪神を中心に見学を主体とすること、鉄道による移動という点において、日本国内で形成された鉄道利用の修学旅行の第二タイプと共通した部分があり、これは国語学校への導入にあたって日本で形成された修学旅行をモデルとしたことをうかがわせる。両者の決定的な相違点である統治・被統治の関係をあえて捨象すれば、皮肉なことに、こうした両者にみられる共通点はある面で両者の修学旅行が近似的な教育目的をもつことを意味している。日本国内の師範学校は近代国家日本にとって必需な教員を養成することが目的であり、尋常小学校等の教壇に立つ教員の素養として有しておくべき東京における近代化の成果や京阪神における伝統文化、国体観念を実地で学ぶことが旅行の目的であった。同様に国語学校においても近代植民地台湾を経営するために必要な教員・人材養成の素養として必要な宗主国日本の「優れた近代化」や国体を学ぶことが旅行の目的であった。こうした「近代国家」および近代植民地における修学旅行を可能にしたインフラストラクチャーが鉄道であった。

一方、国語学校などが台湾島内においても修学旅行を実施し、台湾人生徒と日本人生徒がそれぞれ参加している。島内修学旅行は1週間未満の比較的短期の旅行が多いが、国語学校では比較的長期の島内修学旅行を日本人生徒対象に実施している。これは、日本人生徒に台湾を統治する術となる現地の事情と言葉を学ばせるためであった。

台湾島内で実施された修学旅行は縦貫線が全通するまでは、徒歩を主要な移動手段としながら、台北と蘭陽方面や南部方面の移動については海路利用がみられ、鉄道も新竹－台北間などの既設線が利用されることもあった。1908年に縦貫線が全通すると、それまで海路と徒歩に頼っていた南部方面の修学旅行は鉄道による移動時間の短縮が図られ、台湾一周修学旅行がより短い日程で可能になった。1920年代に入ると宜蘭線や潮州線の開通によって、修学旅行空間はさらに拡張していった。官設鉄道とともに製糖企業によって敷設された私設鉄道と人車鉄道である私設軌道によって、修学旅行における徒歩移動の負担はさらに軽減されることになった。

修学旅行は中等教育機関からやがて初等教育機関においても導入されるようになる。1910年代から初等教育機関による修学旅行の実施が『台湾日日新報』紙上にて確認されるが、鉄道の建設と相まって1920年代以降に急速に普及していく。阿里山線は本来、森林資源開発を目的に敷設された森林鉄道であったが、伐木事業の不振などによって、20年代に入ると森林開発とともに観光開発を担うことになった。修学旅行についても20年代の半ば以降に増え始め、小公学校や高等女学校に導入例が少なくないことから、徒歩によらず阿里山鉄道を全面的な移動手段として利用した修学旅行の形態が伺われるのである。

本稿では植民地台湾の教育機関が実施した修学旅行の目的地域として日本内地と台湾島内を中心に検討した。植民地台湾において修学旅行は鉄道の発達とともにその旅行圏を拡大していったが、同時にそこには民族属性と参観地選択という問題をはらんでいた。最後にその点について簡単にふれて本稿を締めくくる。

内地は中等教育機関以上の台湾人生徒のために選択された参観地域であり、内地修学旅行への参加は被支配者として相対的に高い地位を得るためには好ましい旅行だと考えられていたと思われる。他方、日本人生徒は内地旅行を必要としない点で台湾人生徒に対して優位な地位にあったが、かれらが台湾島内旅行を行うことによって、台湾を統治する術となる現地の事情と言葉を学んだことは前述のとおりである。ところが、修学旅行における台湾と内地の権力関係は、南支方面（厦門、広東、香港など）の修学旅行を1910年代に総督府中学校などが導入することによって錯綜することになる。当初は日本人主体の学校のみが実施した南支修学旅行は台湾人主体の学校においても導入されるようになる。1920年代の中頃以降になると、台湾人主体の学校のなかに再び内地旅行に転換する動きが現れる。これは20年代に弛緩した植民地統治を再び日本に向けて収斂させようという動きの一端なのであろうか。こうした日本人と台湾人という民族属性がじつは植民地台湾において修学旅行のあり様、とりわけ参観地選択を決定づける要因として働いているのである。本稿ではあえてこうした民族属性と修学旅行の関係性については、全体のテーマから外れるので言及しなかった。植民地という文脈において民族属性との関係がときには錯綜しながら修学旅行の目的地を選択させ、そこに鉄道に代表される近代の交通条件の整備が最終的な参観地および修学旅行圏を限定したり拡張させたりしながら決定する、ここに修学旅行という視点のユニークさがあるのではないかと思われる。

（1）山本信義・今野敏彦『近代教育の天皇制イデオロギー』新泉社、1973年。
（2）鈴木健一『修学旅行の理論と実際』ぎょうせい、1983年。
（3）長志珠絵「『満洲』ツーリズムと学校・帝国空間・戦場」（駒込武・橋本伸也編『帝国と学校』昭和堂、2007年）337-377頁。高媛「戦勝が生み出した観光―日露戦争翌年における満洲修学旅行」（『ジャーナル・オブ・グローバル・メディア・スタディーズ』7、2010年）11-30頁。阿部安成「大陸に興奮する修学旅行―山口高等商業学校がゆく「満韓支」「鮮満支」」（『中国21』29、2008年）219-236頁。関谷次博「戦前期中国・朝鮮への旅行と鉄道―1929～35年の旧制浪速高等学校修学旅行の記録より」『鉄道史学』24、2007年）55-67頁。有山輝雄『海外観光旅行の誕生』吉川弘文館、2002年など。
（4）林雅慧「『修』台湾「学」日本：日治時期台湾修学旅行之研究」（台湾国立政治大学台湾史研究所修士論文、2008年）、梁廷瑜『日治時代台湾修学旅行之研究―以昭和時期初等教育為中心』（淡江大学亜洲研究所修士論文、2011年）など。また観光研究において、拙稿「日本統治期台湾の教育機関による修学旅行の展開」『観光学評論』（Vol.1 - No.2、2013年）185-202頁などがある。
（5）高橋康隆『日本植民地鉄道史論』日本経済評論社、1995年。高成鳳『植民地鉄道と民衆生活』法政大学出版局、1999年。蔡龍保『推動時代的巨輪　日治中期的台湾国有鉄路(1910-1936)』台湾書房、2007年。拙著『植民地台湾と近代ツーリズム』青弓社、2003年。
（6）山本信義・今野敏彦前掲書『近代教育の天皇制イデオロギー』183-184頁。こうした校外活動の明治期における比較的早い事例として、1875年1月1日に栃木県永清館で行われた生徒40名が参加した初詣、77年8月に東京の攻玉社が行った上野公園での第一回内国博覧会見学などがある。これらは教育法規上の規定に基づいた活動ではなく、主に小学校、女子教育機関、私塾的な学校で自然発生的な学校行事として実施されたものである（鈴木健一前掲書『修学旅行の理論と実際』87頁）。
（7）例えば、大阪師範学校では1884年5月から4か月に渡って大阪鎮台において歩兵操練を行っており、この間に実弾射的3回、行軍を2回実施している。行軍における装備は陸軍歩兵と同じであり、そこでは隊を両軍に分けて模擬戦闘が実施された。なお、行軍は授業日を避けて土曜から日曜にかけて実施されることが多かった（山本信義・今野敏彦前掲書『近代教育の天皇制イデオロギー』184-186頁）。
（8）文部省『文部省第九年報』、1881年、790頁。
（9）浜野兼一「東京師範学校における『長途遠足』

の成立過程に関する研究―身体的鍛錬の側面に関する一考察―」(『早稲田大学大学院教育学研究科紀要』別冊11号－2、2004年3月) 84-87頁。
(10) 1872年に新設された師範学校は翌1873年に東京師範学校と改称した。東京師範学校では1886年に長途遠足を実施するまでは校外活動を行った記録はない。同校は長途遠足実施直後の1886年4月から東京高等師範学校に改称・改組された。
(11) 文部省『文部省第十三年報』、1885年、5頁。
(12) 浜野兼一前掲稿「東京師範学校における『長途遠足』の成立過程に関する研究―身体的鍛錬の側面に関する一考察―」88頁。
(13) 東京文理科大学／東京高等師範学校『創立六十年』、1931年10月、32頁。
(14) 山本信義・今野敏彦前掲書『近代教育の天皇制イデオロギー』192-193頁。
(15) 新谷恭明「日本最初の修学旅行の記録について」(『九州大学大学院教育学研究紀要』4)。
(16) 鈴木健一前掲書『修学旅行の理論と実際』83頁。
(17) 「高等師範学校行軍の例規」(『教育時論』99号、1888年1月) 21頁。
(18) 栃木県尋常師範学校では明治25 (1892) 年に修学旅行と行軍を別個に実施している。この修学旅行では4月19日から27日までの9日間、千葉・茨城方面で徒歩を主体とし小学校と生業などを主に参観した。これは東京師範学校の長途遠足から行軍を取り除いた形態であった。宇都宮から古河までの往路と水戸から宇都宮までの帰路は鉄道を利用している。一方、同校は同年の11月10日から3日間、栃木県真岡地方を目的地とする行軍を実施している。発火演習を2日目に行っているが、小学校参観、工場見学、寺院見学なども旅程に入っており、移動は軍装ではあるが、内容としては行軍形式の修学旅行といってもよいものであった。このように当時の学校現場では様々な事例がそれぞれの学校の裁量で行われたことがわかる (小林清次郎『栃木県尋常師範学校生徒修学旅行記』1892年12月)
(19) 山本信義・今野敏彦前掲書『近代教育の天皇制イデオロギー』204頁。
(20) 内務省は1874年に産業奨励を目的とした勧業博覧会を構想した。これが内国勧業博覧会で4年おきに開催されることになった。第一回内国勧業博覧会は上野において1877年8月21日から11月30日まで開催され、第二回内国勧業博覧会は1881年3月1日から6月30日まで上野で開催された。その規模は第一回と比較して明らかに拡大したが、4年おきでは出品者や関係職員が開催準備に追われることと、出展物に目新しさがないという理由から、第三回内国勧業博覧会は1890年に延期となり上野において4月1日から7月31日まで開催された。修学旅行生が各地から訪れたのはこの第三回内国博であるが、この年は5月に流行性感冒の流行、7月に初の衆議院選挙があり、前回の内国博に比べて出品者数と出品数は大きく増加したにも関わらず客足は伸び悩んだ。それでも、入場者数は100万人を突破した (國雄行『博覧会と明治の日本』、吉川弘文館、2010年、48-179頁)。
(21) 老川慶喜『日本鉄道幕末・明治篇』、中央公論、2014年、110、225頁。
(22) 吉田八得『鳥取県尋常師範学校生徒修学旅行略記』、1890年11月。
(23) 吉田八得同上書。
(24) 浅井洌『長野県尋常師範学校生徒第四修学旅行概況』1890年12月。
(25) 本稿では漢族系住民を台湾人と記すが、これは日本統治期の「本島人」という呼称に対応する。今日的には台湾人に台湾先住民族を含む用法が妥当であるとも思われるが、本稿では台湾人に先住民族は含んでいない。
(26) 台湾総督府国語学校『台湾総督府国語学校一覧』、1906年、7頁。
(27) 『台湾新報』、1897年7月15日。なお、『台湾新報』は1896年6月に発刊された。1897年に発刊された『台湾日報』とともに1896年5月に台湾日日新報社に買収合併されて『台湾日日新報』が成立した。
(28) 台湾総督府国語学校前掲書『台湾総督府国語学校一覧』、1906年、16頁。
(29) 台湾総督府国語学校『台湾総督府国語学校一覧』、1914年、17頁。
(30) 台湾総督府国語学校同上書『台湾総督府国語学校一覧』(1914年) 19頁。
(31) 台湾総督府国語学校前掲書『台湾総督府国語学校一覧』(1906年) 6頁。
(32) 台湾総督府国語学校前掲書『台湾総督府国語学

校一覧』（1914年）22-23頁。
(33) 呉文星「日治時期中学生的亜州認識―以台湾総督府国語学校的「修学旅行」為中心」（『「近代東亜的教育与社会」国際学術研討会論文集』）、2015年、頁表記なし。
(34) 浅井洌前掲書『長野県尋常師範学校生徒第四修学旅行概況』を参照。
(35) 国語学校以外の内地修学旅行の実施例の一部を挙げる。1913年総督府農事試験場（『台湾日日新報』、1913年8月27日）、1914年総督府医学校（『台湾日日新報』、1914年6月13日）、1920年台北公立女子高等普通学校師範科（『台湾日日新報』1920年11月3日）、1922年台北第一工業学校本科（『台湾日日新報』、1922年3月10日）、台北州立台北商業学校（『台湾日日新報』、1922年6月24日）など。
(36) 1927年、1930年に台北第三高等女学校が別府を訪れている（『台湾日日新報』、1927年8月3日、1930年3月25日）。1930年に嘉義農林学校が別府と高松（『台湾日日新報』、1930年3月25日）、台北第一師範学校女子部（『台湾日日新報』、1931年10月6日）と台北第一師範学校（『台湾日日新報』、1934年3月24日）が別府、静修高等女学校が仙台、熊本、別府まで足を延ばしている（『台湾日日新報』、1935年6月27日）。
(37) 『台湾新報』1898年3月8日。
(38) 『台湾日日新報』、1899年12月9日。
(39) 『台湾日日新報』、1909年12月15日。
(40) 台湾総督府国語学校前掲書『台湾総督府国語学校一覧』（1906年）39頁。
(41) 台湾総督府国語学校前掲書『台湾総督府国語学校一覧』（1914年）171-172頁。
(42) 台湾総督府国語学校同上書『台湾総督府国語学校一覧』（1914年）184-185頁。
(43) 台湾総督府鉄道部『台湾鉄道史（上）』、1910年、195-214頁。
(44) 曽山毅前掲書『植民地台湾と近代ツーリズム』61頁。
(45) 台湾総督府鉄道部『鉄道旅行案内』（大正十年版）、1921年、126-127頁。
(46) 台湾総督府鉄道部『鉄道旅行案内』（大正十二年版）、1923年、186-188頁。
(47) 『台湾日日新報』、1908年12月25日。
(48) 『台湾日日新報』、1907年10月2日。
(49) 渡部慶之進『台湾鉄道読本』春秋社、1939年、126-128頁。
(50) 蔡龍保『推動時代的巨輪　日治中期的台湾国有鉄路（1910-1936）』台湾書房、2007年、29-35頁。
(51) 記事の抽出にあたっては、ゆまに書房・漢珍数位図書による『台湾日日新報』デジタル版の検索システムを利用した。
(52) 渡部慶之進前掲書『台湾鉄道読本』140-141頁。
(53) 日月潭を旅程に含む修学旅行が『台湾日日新報』ではじめて報道されたのは、総督府中学校4学年が実施した台中、埔里社、魚地、日月潭、集集街方面への修学旅行に関する1908年12月25日の記事であった。この時期の交通機関としては台中と南投間に手押し軌道が存在するのみであった。その後、『台湾日日新報』における日月潭に関連した修学旅行記事は台北師範学校が実施した修学旅行に関する1922年11月6日の記事までみられない。22年以降この記事を含めて40年8月までに14本、13校の事例が確認できる。
(54) 渡部慶之進前掲書『台湾鉄道読本』142-145頁。
(55) 前掲拙著『植民地台湾と近代ツーリズム』216頁。
(56) 台湾総督府鉄道部は1908年から42年まで官設鉄道沿線の旅行案内書を内容を一部改訂しながら13版にわたって発行した。
(57) 『台湾日日新報』、1925年11月25日。
(58) 30年代前半の登山者数は次のように推移した。1930年1万129人、31年9171人、32年1万906人、33年1万352人、34年1万2829人（『台湾日日新報』、1934年7月14日、1935年6月21日）。
(59) 『台湾日日新報』、1912年10月12日。同紙10月17日、19日、20日、21日、22日、23日、漢文版は10月13日。
(60) 北港朝天宮としても知られる媽祖廟で台湾島内屈指の人気参詣地であった。大日本製糖線は参拝客の利用が多かった。
(61) 『台湾日日新報』、1913年12月22日。
(62) 台湾総督府交通局鉄道部『台湾鉄道旅行案内』、1934年、89頁。

付記
本稿は、JSPS科研費17H02253による成果の一部である。

【書評】

久保文克著

『近代製糖業の経営史的研究』

齊藤　直

1

　近代製糖業（近代的な生産設備を用いて分蜜糖生産を行う製糖業）は、植民地期の台湾において最も重要であった産業の1つであり、同産業を対象とした研究を行うことの意義は疑い得ないであろう。本書はその近代製糖業を対象として経営史的な分析を行うことを課題とする研究書である。

　本書の著者が長期間にわたって製糖企業の経営史研究をリードしてきたことを殊更指摘する必要はあるまい。とはいえ、これまで著者が製糖業史を正面から取り上げる著作を刊行したことはない。著者の学位論文をベースとした前著『植民地企業経営史論』（日本経済評論社、1997年）は、台湾製糖を主要な分析対象の1社としながらも、同社の「準国策会社」としての特質を析出することが主要な課題とされたことに対応して、製糖業史を描くという意識は希薄であった。また、著者が編者となった『近代製糖業の発展と糖業連合会』（日本経済評論社、2009年）は、カルテル組織としての糖業連合会の実態について、様々な側面から新たな知見を提示するという点で貢献が大きかったものの、同書の主題を踏まえれば当然であるが、製糖業史という面から評価すれば企業間関係を中心にした内容となっている。その意味で、製糖業史を正面から取り上げる本書が刊行された意義は大きい。

　なお、本文が250頁余りと、本書は研究書としては決して大部ではないが、各章の前提となった論稿の総量は膨大である。そうした研究の蓄積を前提に、要点を中心として改めて構成されたのが本書ということになる。そのため、注に記された情報量も多く、また、前提となっている個別論文にまで遡らなければ著者の見解を十分に把握し得ない論点もある。研究書に対して暗黙裡にall in oneを求める読者は、こうした構成のあり方を批判するかもしれないが、明確な意図に基づいて構成の方針を決定しているのであれば、それを尊重すべきであるというのが評者の立場である。

2

　本書は以下のように構成されている。

序章
第1章　台湾製糖の長期競争優位と首位逆転
第2章　大日本製糖の失敗と再生
第3章　明治製糖の多角的事業展開
第4章　塩水港製糖の失敗と再生
第5章　四大製糖の企業間競争
第6章　甘蔗買収価格の決定プロセス
終章

　すなわち、本書の主要部分は6章で構成され、四大製糖企業（台湾製糖、大日本製糖、明治製糖、塩水港製糖）の経営を具体的に検証する4章（第1～4章）の後に、企業間競争のあり方を分析する章（第5章）と、製糖業の経営において極めて重要な意味を持つ甘蔗作農家との関係について扱う章（第6章）を置く構成をとっている。

　以下では、各章の位置づけと内容を簡単に紹介しておく。序章では、本書で検証すべき問いを7点にまとめたうえで、分析視角として、「失敗と再生」、「後発企業効果」、「革新的企業者活動」といったコンセプトを提示している。このうち、「失敗と再生」は大日本製糖、塩水港製糖の事例に、「後発企業効果」は大日本製糖、明治製糖の事例に、それぞれ典型的に該当する。また、筆者は「革新的企業者活動」（具体的には、ビジネスチャンスの獲得、制約条件の克服、制約条件のビジネスチャンス化）を「経営史研究の核」と位置づけており、取り上げる全ての事例を評価する共通の視角となっている。

第1章では、先発企業である台湾製糖が取り上げられ、「準国策会社」としての性格が同社の辿った過程を大きく規定したことが示されている。具体的には、設立から1930年代に至る長期的な優位性のもとで、1910年代の第1次業界再編における他社（埔里社製糖など）の合併や、20年代における耕地白糖（甘蔗圧搾汁から脱色・漂白した直接消費用の精白糖）生産の拡大など、初期の局面では革新的企業者活動が強く発揮された一方、「準国策会社」であったがゆえに堅実主義という方針を過度に重視したことにより、大日本製糖のような積極的なM&Aの実行や、明治製糖のような多角化戦略の遂行に対して消極性な姿勢を堅持し、最終的には1940年前後の第3次業界再編を経て大日本製糖に首位の座を明け渡すことになった、という対照性が示される。

　第2章では、最も急速な成長を実現し、最終的に台湾製糖から首位の座を奪うことになった大日本製糖が取り上げられる。同社は、国内における精製糖部門から事業をスタートさせ、台湾での粗糖部門への進出が遅れたという点で劣位の立場にあったが、急進主義的な経営とその帰結として陥った経営危機を隠蔽しようとして起こしてしまった1909年の日糖事件により、失敗からの再スタートを余儀なくされた。しかし、日糖事件の直後に社長に就任した藤山雷太（後に息子の愛一郎）のもと、消費市場の開拓、原料糖の確保、財務の健全化により経営の立て直しを図ったうえで、東洋製糖を合併した1927年以降は積極的なM&Aにより生産能力を拡張するとともに、台湾での分蜜糖生産（耕地白糖生産も含む）を本格化させることになる。そして、1940年前後の第3次業界再編を経て、大日本製糖は台湾製糖に代わって首位に立ったのである。

　第3章では、大日本製糖と同様に、台湾製糖へのキャッチアップを図った明治製糖が取り上げられる。ただし、同社が採用した戦略は大日本製糖とは異なっていた。1927年に東洋製糖の南靖・烏樹林の2工場を買収するなど、M&Aも明治製糖の成長に一定程度の役割を果たしたが、本章でそれ以上に強調されるのは、「平均保険の策」と表現された相馬半治の方針に基づき、製菓（明治製菓、1916年設立）、ゴム栽培（スマトラ興業、18年設立）、などの分野への多角化戦略が遂行され、「大明治」と称される企業グループが形成された点である。製糖業の経営成果が、自然環境の影響から自由ではあり得ない農業部門（甘蔗栽培）の動向によって大きく規定される以上、多角化により事業リスクの分散を図ることは、現代的な感覚から判断しても妥当な発想であり、そうした方針に基づく経営を展開したことは明治製糖が革新的であったことを示している。

　第4章では、耕地白糖（前出）生産の分野で先発企業と位置付けられる塩水港製糖が対象とされる。同社は、金融恐慌後の1920年代末に経営危機に陥ったことでも知られており、なぜ再生を果たすことができたのかという点が本章における主要な問いである。そして、「再生請負人」と著者が表現する槇哲の革新的企業者活動により、耕地白糖分野での優位性を活かしつつ、金融恐慌直後における経営危機状態への転落や、鈴木商店の破綻にともなう販路途絶の危機に対応し、再生を果たしていった様子が描写されている。

　第5章では、前章までに取り上げた4社の間における企業間競争、とりわけ大日本製糖、明治製糖の2社が先発の台湾製糖にキャッチアップする過程が、マーケットシェアの推移を踏まえつつ、検証されている。具体的には、（1）先発の台湾製糖の優位性が維持される状況下において後発3社の競争が展開された時期（1912～26年）、（2）第2次業界再編を契機として、東洋製糖の資産をM&Aにより獲得した大日本製糖、明治製糖が台湾製糖を激しく追い上げた時期（27～32年）、（3）その後、大日本製糖が台湾製糖から首位を奪うまでの時期（33～40年）の3期に区分のうえ、4社間の競争の実態が検証されている。なお、本章の内容は極めて簡素であり、企業間の競争関係が多面的であることを踏まえれば物足りなさも残るが、これは既に別書（前掲）で企業間関係が包括的に叙述されていることに対応したものであり、より

詳細な情報についてはそちらにあたる必要がある。

　第6章は、著者が製糖業の「心臓部」と表現する原料甘蔗の調達について、その買収価格の決定のあり方を中心に検討する章である。先発の台湾製糖では他社に比較して自社保有農園が多いといった相違はあるものの、工場の周囲に設定された原料採取区域に立地する甘蔗作農家からの原料甘蔗買収は、総じて製糖業の経営にとって重要な意味をもった。本章では、4社の原料採取区域全体を対象として買収価格に関する情報を整理し、（1）各社の原料調達戦略は原料採取区域ごとの特性に規定されて多様であり、（2）同一企業内でも採取区域間の違いが大きく、しかし、それと同時に、（3）歩留まり向上への取り組みや、価格よりも安定的な原料調達を重視する姿勢については企業間で共通性が見られた、といった結論を得ている。なお、前章に引き続き本章も簡素な内容となっているが、製糖企業と甘蔗作農家の関係については、2000年代半ばの時期を中心に、著者が最も積極的に研究成果を論文として公刊した分野であり、本章のみでその全体像を把握することは容易ではない。関心のある読者は、それらにあたるべきであろう。

　終章では、本書で分析対象として取り上げた四大製糖企業の革新的企業者活動について比較検討したうえで、先発の台湾製糖では初期におけるビジネスチャンスの獲得が中心であり、後発の大日本製糖、明治製糖では制約条件の克服やビジネスチャンス化が目立ったという結論を提示している。そして、総合的に判断して革新的企業者活動が最も顕著であったのは大日本製糖であり、その結果が同社による台湾製糖の逆転であったと主張されている。また、製糖業全体で見れば、程度の差こそあれ、四大製糖企業各社が革新的企業者活動を発揮しつつ、激しい企業間競争を展開したことが、近代製糖業を戦前日本を代表する主力産業へと発展させた最大の原動力であったと結論している。

3

　以上に示した構成と内容を踏まえ、本書の意義を3点ほど挙げておく。

　第1に、ストレートではあるが、経営史ベースの製糖業史を描いた点が本書の意義として挙げられる。特定の産業を分析対象としてその歴史を描く「産業史」の研究成果は、隅谷三喜男『日本石炭産業分析』（岩波書店、1968年）や石井寛治『日本蚕糸業史分析』（東京大学出版会、1972年）などを初期の代表的著作として、その後も多く蓄積されてきた。日本経済史・経営史の分野で大学院生時代を過ごした者であれば、必ず触れているといっても過言ではあるまい。とはいえ、それらの産業史研究でも一定程度は個別資本について分析されているものの、主体的な企業行動への目配りは当然ながら十分ではない。他方、個別企業の主体的な行動に関する分析を積み上げることで産業史を描写した研究書は、必ずしも多くない。経営史的な分析を主要な方法として産業史を描いてはいけないという制約など存在するはずはなく、幅広い立場から研究の蓄積がなされることこそが学問の発展となる。本書のように、「経営史」を強く意識した研究書が刊行されることの意義は決して小さくない。

　もっとも、「失敗と再生」、「後発企業効果」、「革新的企業者活動」といったコンセプトに依拠して産業史を描くことが方法論的に妥当であるかは別の問題である。これらの視点で経営史ベースの産業史を描くことの可能性と限界をどう考えるかについて意識する必要があろう。経営史ベースではない既存の産業史研究が、個々に異なる分析視角・方法を提示しながらも、そこに共通する部分も一定程度存在したからこそ、大きな広がりを持ったという事実は示唆的である。もちろん、著者は、本書で採用した分析視角はあくまでも製糖業において有効な視角であり、他産業も含めて幅広く応用できるとは考えていないかもしれない。その場合は、他の産業ではなく製糖業こそが著者の提示する視角に基づいた分析を行うことが妥当な産業であることを明示的に提示するという別の課題が浮上することになる。

　第2に、十分に明示的な形で指摘されているわ

けではないが、本書全体で描き出された製糖業史像は、同産業の発展を捉えるうえで有益な視点を提示していることを指摘したい。前提として、原料甘蔗調達が製糖企業の経営にとって決定的に重要であるが、甘蔗栽培のために利用することができる農地の総量は有限であり、生産性の上昇にも限界があるという意味で、ある時点で自然の制約に直面せざるを得ない産業であるという点を考慮すれば、以下のように近代製糖業の発展における２つの局面を想定できる。すなわち、第１局面は、自前の投資（green field 投資）による成長の余地が大きく、生産の量的拡大（原料甘蔗供給地の新規確保）が可能な局面であり、第２局面は、他社の生産設備（およびその周囲の原料採取区域）を獲得するための M&A（brown field 投資）が成長の手段として重要になるとともに、本書で「質的増産」、「質的増収」などと表現される生産性向上のための取り組みが大きな役割を果たすようになる局面である。そして、上記の第１局面と第２局面を区分する時期は1920年代前半ないし半ば頃であろうと、評者は本書の記述内容から推測する。著者はこうした大雑把な見取り図を提示することには禁欲的であるが、本書の内容全体を踏まえれば上記のような解釈は確かなようであり、製糖業の発展過程を考えるうえで有用な視点となり得る。なお、本段落で「投資」という表現を用いたが、本書でも頻繁に指摘されるように、原料採取区域の取得が甘蔗調達にとって重要な役割を果たすが、それは土地を自己勘定で保有することを意味しないことから、「投資」という表現は不適切であるが、本書評では便宜上「投資」という表現を用いているので、読者は注意されたい。

　第３に、製糖業が農業部門の動向によって強く規定される産業であることは既に触れたとおりであるが、工業と農業の結節点にあたる甘蔗買収価格の決定に関する分析を詳細に行ったことは、製糖企業の経営史のみならず、より広く台湾経済史に対する貢献の可能性という点で、意義が大きい。具体的には、本書第６章の分析がその中心であり、第１〜４章で展開された個別企業の分析にも成果が散りばめられている。そして、第６章の末尾では、現段階における結論として、米糖相克という問題の存在が結果的に台湾農民に対する収奪を緩和させた可能性が指摘される。換言すれば、原料採取区域の設定がなされようと、米作か甘蔗作かの選択が個別の農家に委ねられ、有利な作物を栽培する自由が農家に保証された結果として、市場経済のメカニズムが作用し、製糖企業による収奪が不可能になったということを意味する。これは、台湾経済史を考えるうえでも重要な指摘であろう。前記のように、著者は製糖企業と甘蔗作農家の関係について既に多くの論稿を公刊しており、別の研究書としての公刊も期待される。

4

　次に、台湾製糖、大日本製糖、明治製糖の上位３社に関する点を中心に、個別のコメントを付しておく。

　台湾製糖については、本書が同社を分析するうえでのキーワードとする「準国策会社」に関連して、以下の２点を挙げる。第１に、「準国策会社」であるがゆえの選択と著者が解釈する同社の行動には、「準国策会社」であることを理由にしなくても論理的に説明できる事例も含まれている。一例のみ挙げる。第１章には、1927年の産糖処分協定成立後における大日本製糖と明治製糖の争いを、台湾製糖の社長であり糖業連合会の会長でもあった武智直道が仲裁した事例が紹介されている。著者は、こうした武智の行動に、業界秩序を重視する「準国策会社」としての姿勢が現れていると主張するが、別の説明も成立する。大日本製糖と明治製糖の争いが既に起こったことを前提とすれば、武智（台湾製糖）にとって、ファーストベストの「台湾製糖が仲裁しなくても業界秩序維持」という帰結は望み得ず、セカンドベストの「台湾製糖が仲裁して業界秩序維持」かワーストの「仲裁せず（あるいは、できず）、業界秩序崩壊」の２つの選択肢しか台湾製糖には選択できないことになる。この条件の下では、「準国策会社」でなくても、合理的な選択としてセカンドベストを選ぶであろ

う。この説明に「準国策会社」という要素を加える論理的必然性は存在しない。

第2に、台湾製糖が「準国策会社」である背景として、著者は皇室（名義は内蔵頭）によって一定数の株式を保有されたことを指摘する。皇室による出資を得たことが、台湾製糖の経営者の判断を国益志向的あるいはリスク回避的にしたというのは、十分に成立し得る説明である。しかし、国策会社に近い性格を持つ企業がその性格を維持するための条件としては、経営者の行動原理だけでは不十分であり、皇室保有株および安定株主保有株以外の多数の株式に出資する一般の株主に相応の満足を与え、安定的に事業資金を得ることが必要になる。そのように考えれば、先発企業で優位性があったことが良好な業績に結実し、それが一般の株主からの安定的な資金調達を可能にしたという経路がより重視されてもよいであろう。

大日本製糖については、財務の健全化と積極的なM&Aにより高い成長性を見せた点に特徴があることから、それに関連して以下の2点を挙げる。第1に、日糖事件への反省として負債依存の解消を図ったことと、積極的なM&Aの関係をどのように考えるべきであろうか。一般的に、株式交換で他社をM&Aを行う場合、そのM&Aを円滑に成立させるために、被合併企業の株主に有利な（割高な）条件で行われることが多い。その結果、M&Aは少なくとも一時的には合併側の企業の財務を悪化させることになる。大日本製糖は朝鮮、内外、東洋、新高、昭和、帝国、中央製糖（合併順）を株式交換で合併しているが、これだけ頻繁に他社を合併しながら健全な財務を維持したとすれば、それは驚くべきことであるというほかない。どのように成長性と健全性の両立が図られたのであろうか。第2に、財務の健全化それ自体をどのように評価すべきであろうか。本書の分析対象とされている製糖企業の財務諸表を確認すれば、負債依存から脱却したのはひとり大日本製糖だけではなく、台湾製糖も同様であり、また、明治製糖は戦時期に至るまで一貫して長期負債がなかった。それを踏まえれば、大日本製糖の財務の健全性は、積極的なM&Aを可能にした条件であるとはいえるのかもしれないが、他社との違いを決定づける要因とは言いづらいように思われる。

明治製糖については、同社の経営を特徴づけた、「平均保険の策」と表現された多角化戦略による事業リスクの分散に関連して、以下の2点を挙げる。第1に、同社による多角化戦略の客観的な評価をどう考えるかという点である。多角化によりリスク分散を行えば内部留保によりリスクに備える必要はなくなるという著者の説明に従えば、明治製糖は他社に比較して相対的に少額の内部留保を実行すればよいことになるはずである。とはいえ、実際には、明治製糖は貸借対照表の貸方において台湾製糖、大日本製糖に劣らず多額の積立金を有し、借方では両社を上回る現預金を保有していた決算期が多い。また、グループ経営が特徴であったとすれば多額に達するはずの明治製糖による有価証券保有は、台湾製糖を大きく上回るものの、大日本製糖とは大差ない。こうした事実をどのように整合的に理解すべきであろうか。第2に、明治製糖の多角化戦略と、著者が重視する同社の関連事業との関係をどう考えるべきであろうか。著者は、明治製糖による多角化のうち、製糖業の川下に位置する明治製菓を設立し、明治製糖に対する需要の安定化を図った点を重視している。しかし、これは販路の確保という意味での垂直統合の事例であり、多様な分野への進出による「平均保険の策」とは異なるはずである。

個別企業の経営だけでなく製糖業全体を視野に入れて、M&Aによる資源再配分の評価という点についても挙げておきたい。M&Aが成長の手段として重要になる局面（前出の「第2局面」）において、製糖業全体（被合併企業も含めて）での効率性のM&Aを通じての改善はどの程度であったのか。また、「質的増産」、「質的増収」と表現される個別企業による生産性向上の効果と、M&Aを通じた資源再配分による生産性向上の効果は、いずれがより大きな効果を持ったであろうか。こうした点を考えることにより、異なる行動をとった4社の経営に対する評価、例えば、M&Aを多用した大日

本製糖に対する評価を、より客観的に行うことができるのではなかろうか。

5

最後に、近代製糖業を対象とした経営史的研究という本書の課題を踏まえ、そこで実際に展開された「経営史的研究」についても論じておく。

「経営史とは何か」、「経営史研究はどうあるべきか」といった問いに対して十分に説得的な回答を与えるだけの学識を評者は持ち合わせていないが、構造的必然性のみに頼らず、主体的な意思決定・行動に焦点を当てて企業経営の歴史を研究する学問であるという点については誰もが同意しよう。その意味で、本書が経営史の方法による研究書であることは間違いない。

ただし、個別企業の主体的な意思決定・行動に焦点を当てる研究には、それが歴史研究であるか否かを問わず、固有の難しさが伴う。ある結果が確認されたとき、主体的な意思決定・行動がそれをもたらした最も重要な要因であることを証明することは容易ではないからである。ゆえに、経営史的な方法を用いる研究においては、結果に影響を与える可能性がある主体的な意思決定・行動以外の要因を可能な限り取り上げ、結果への影響が限定的であることを示すという作業が不可欠となり、そこで十分な検証が行われなければ、相関を因果と同一視するが如き状況に陥りかねない。

この書評で提示した評者のコメントの多くも、別の要因による説明の可能性を考慮して著者の説明を相対化するとどうなるか、という視点からなされたものであった。本書がイメージさせる、製糖業の上位4社全てにスーパーマンのような経営者がいて、概ね誤ることなく意思決定していたという状況は、可能性を完全に否定することはできないが、現実的には想定しづらい。おそらく、本書が革新的企業者活動によって説明している結果のうち一定程度は、別の要因によって説明できる可能性がある。そうした点を詰めていくことが、製糖業の経営史的研究、さらには製糖業史研究の成果をさらに豊かなものにしよう。これは、著者、あるいは本書を受けた若手世代に残された課題である。

経営史研究には「決定版」は存在しない。そのように考えれば、経営史ほど割に合わない方法はないのかもしれない。しかし、そうであるからこそ、経営史研究には大きな発展の可能性が開かれているのである。

（文眞堂、2016年、vii＋272頁、3600円＋税）

【書 評】

平井健介著
**『砂糖の帝国―日本植民地と
アジア市場―』**

李　昌玟

　本書は、19世紀末から20世紀前半にわたってアジアに形成された日本植民地経済の国際関係、とりわけアジアにおける帝国外地域との関係を製糖業の分析を通じて明らかにした力作である。本書の最大の特徴は、日本植民地経済の'国際的契機'を明らかにした点にある。これまで日本帝国圏と帝国外地域の経済的関係は、日本経済史（日本と帝国外地域）とアジア経済史（日本植民地と帝国外地域）で各々分節された形で取り扱われ、日本植民地経済史の分野では日本と諸植民地との関係ばかりが強調され、日本植民地と帝国外地域との経済的関係は等閑視されてきた。このような研究風土が根強く残っているのは、帝国内分業論の存在感があまりにも大き過ぎたからであろう。数量データで裏付けられた帝国内分業論は、とりわけ1930年代の日本帝国圏の高い経済成長率と帝国内の密接な貿易関係を反論の余地のないほど明確に説明することに成功した。これに対し、本書は商品の貿易量に基づく従来の帝国内分業論から脱皮し、経済的関係の意味をより広義にとらえることによって植民地相互間、そして日本植民地と帝国外地域との関係を立体的に把握しようとした。本書の刊行は、日本植民地経済史研究分野における分析枠組を拡張する上で有効な貢献を果たしたと評価できる。本書の内容を簡単に紹介しておきたい。

　本書は2部構成になっており、第Ⅰ部「東アジア砂糖市場のなかの帝国糖業」では、ジャワ糖問題と過剰糖問題を題材に東アジアの砂糖市場と植民地糖業の関係を明らかにした。第1章「ジャワ糖問題の登場と抑制」では、ジャワ糖の過剰供給が植民地糖の販売を阻害する問題、すなわちジャワ糖問題が第一次世界大戦期までは抑制されていたことを明らかにした。それは、流通統制（補助金、関税改正、糖業連合会の活動、製糖会社の精粗兼営化）による結果であったが、同時に東アジア間砂糖貿易の環境に支えられた側面もあった。後発の日本商がジャワ糖の取引量を増大させることは困難であり、また上海糖行にとって後発の日本商がもたらす日本精製糖は重要な取扱糖となったため中国輸出は促進された。

　第2章「ジャワ糖問題の発生―東アジア間砂糖貿易の再興」では、VJPSの設立が東アジア間砂糖貿易の自由化をもたらし、それが帝国内砂糖貿易にも影響を与えたことが明らかになった。第一次世界大戦期から1920年代にかけて植民地糖業はさらに成長し、日本の砂糖輸入を徐々に代替していったが、原料糖の過剰供給（ジャワ糖問題）が発生した。それは、VJPSの方針変更をきっかけに日本商の思惑輸入が増える一方、蘭印華商による中国市場の砂糖需要に変化（精製糖から白糖へ）が生じたためであった。

　第3章「過剰糖問題の時代―帝国内砂糖貿易における相克」では、植民地糖の生産過剰により植民地糖の販売が阻害される問題、すなわち過剰糖問題を取り上げた。日本政府による関税改正、植民地政府による糖業保護政策、糖業連合会による奨励活動などが功を奏し、1929年頃には植民地糖だけで日本の砂糖需要を満たすようになった。しかし、1930年代に入ってからは新たに過剰糖問題が浮上した。この際、大蔵省は帝国利害より地域利害を優先したため、植民地糖の生産制限は有効的ではなく、各植民地政府は地域利害を守り続けた。

　第4章「過剰糖問題の国際環境―東アジア間砂糖貿易における2つの「日蘭商会」」では、過剰糖の処分先として位置づけられた中国市場の環境変化を検討した。1930年代に中国が自由貿易体制から離脱したことを契機に貿易商による密輸が盛んになり、中国市場におけるジャワ白糖と日本精製糖の競争はさらに激化した。そのなか、密輸ではなく合法的手段による販路拡張も摸索された。

それは、2つの「日蘭商会」である。蘭印代表団と日本代表団は、中国へのジャワ白糖の輸出を阻害する日本精製糖の輸出量を制限する協議を行い、また中国の砂糖専売制に関しては蘭印華商と日本商が衝突した。

第Ⅱ部「台湾糖業の資材調達と帝国依存」では、肥料、エネルギー、包装材を中心に台湾糖業の資材調達とそれの帝国依存について分析した。第5章「栽培技術の向上と「肥料革命」」では、栽培技術の向上による肥料需給の変容を時代ごとに検討した。1910年代まで製糖会社はその利便性から農民に帝国内から供給される特調肥料を販売した。1920年代にはヨーロッパ産硫安の輸入が増加し、肥料の帝国依存度が弱まったが、金輸出再禁止が断行される1930年代には再び肥料の帝国依存度が高まるようになった。

第6章「製糖技術の向上とエネルギー調達の危機」では、バガス、薪、石炭などを題材に台湾糖業のエネルギー調達とそれの帝国依存について検討した。砂糖生産量の増大とエネルギー多消費型の技術進歩により台湾糖業のエネルギーに対する需要は急増した。その結果、主燃料のバガスだけでは賄いきれず、補助燃料（薪、石炭）の安定的な供給が台湾製糖の発展の要となった。しかし、薪は森林枯渇によって供給が制約され、台湾製糖業は補助燃料のほとんどを石炭に依存せざるを得なくなった。これに対し、例外的に1930年代初頭に撫順炭輸入で需要を賄える時期もあったが、エネルギー不足問題は基本的に鉄道輸送力と調達方法の改善を通じて台湾炭の供給力の強化によって解消された。

第7章「砂糖の増産と包装材変更問題」では、砂糖生産量の増大による包装袋の需給関係の変容とそれの帝国依存について検討した。台湾糖の包装袋は2つの分岐点（1916年と1924年）を経て、中国産の包蓆がインド産のガニーバックに代替された。台湾糖業の急激な成長によって、在来方式で生産された包蓆の安定供給が難しくなり、製糖会社は市場の評判を落としてまでも安定供給が可能なガニーバックへ包装袋を変えた。いずれにせよ、台湾糖の包装袋の帝国内自給率はほぼゼロに近く、すべて輸入に依存せざるを得なかった。

以上本書の内容を簡単にまとめてみた。以下では本書に対する評者なりの問題意識と感想を述べておきたい。本書を精読しているうちに1つの疑問が浮かび上がった。それはプレーヤーの目的関数が曖昧になっている点である。本書の第1部（第1章から第4章まで）のキーワードは、ジャワ糖問題と過剰糖問題である。著者の定義によると、ジャワ糖問題はジャワ糖の輸入が植民地糖の販売を阻害する問題であり、過剰糖問題は植民地糖の移入が植民地糖の販売を阻害する問題である。ところが、ジャワ糖問題と過剰糖問題は、日本の砂糖市場における過剰供給問題という側面からは全く同じ性格のものであり、区分するほどの根本的な違いがあるとは思わない。しかし、本書では植民地糖の増産により砂糖の輸入代替化が達成できた1929年を境にジャワ糖問題が収束し、新たに過剰糖問題が浮上したと主張する。つまり、著者は輸入代替化という日本政府の目標（帝国利害）の達成如何によって砂糖の過剰供給問題を2つに分けて考えているのである。

評者は日本の砂糖市場における過剰供給問題を次のようにラフに整理したい。まず政府（日本政府と植民地政府）と民間（貿易商、製糖会社など）というプレーヤーが登場する。そして、日本政府は輸入代替化（帝国利害）という目的関数をもち、植民地政府は各植民地の製糖業発展（地域利害）という目的関数をもつ。さらに民間は利潤最大化と費用最小化という目的関数をもち、そのために原料の輸入も含め、生産ー流通ー販売における企業の範囲を決める（すなわち、垂直統合化するか、市場取引を行うかを決める）。

そうすると、1920年代までは政府と民間の目的関数が矛盾しないが、1930年代から砂糖の過剰供給はもっぱら民間の問題となる。植民地糖だけで日本帝国の砂糖需要を賄えるようになった時点で、日本政府の所期の目的は達成できたと言える。したがって、1930年代に民間（糖業連合会）の生産制限に大蔵省は帝国利害より地域利害を優先し、

各植民地政府も地域利害を守り続ける。砂糖の過剰供給に対し、民間は糖価下落を受け入れるか、そうでなければ需要創出や供給抑制で対抗しなければならない。供給抑制は生産制限に他ならないが、OPECの減産合意が崩れやすいのと同様に砂糖の減産は難しい。結局、解決策は需要創出にある。具体的にはお菓子や飴のような新しい内需市場を開拓するか、海外輸出（中国）を増やすかの2つである。

結局、ジャワ糖が植民地糖の販売を阻害するかどうか（ジャワ糖問題）は、民間にとっては問題ではなく、輸入代替化を目指す日本政府にとっての問題である。その証拠としてジャワ糖問題が発生した際に日本商は日本精製糖に加えてジャワ白糖の中国輸出を増やし、取引のフォートポリオを変えた（85頁）。逆に植民地糖が植民地糖の販売を阻害するかどうか（過剰糖問題）は、日本政府の問題ではなく、糖価下落が予想される民間にとっての問題である。そのため、輸入代替化を達成した日本政府はこの問題に関心が薄く、当事者の民間部門は過剰糖問題に積極的に取り組んでいる（第4章）。要するに、ジャワ糖だろうが植民地糖だろうが関係なく、日本の砂糖市場における過剰供給問題に民間部門がいかに取り組んでいたのかが本書のキー・クエスチョンだと思う。問題はなぜ単年度で終わるビジネスでもない製糖業において過剰供給の問題が長期的に繰り返されたのかである。

評者は台湾糖こそくもの巣理論（Cobweb theory）が適合する商品だと思う。くもの巣理論は、ある商品の需要や供給の変化に対して価格が反応するには時間的なズレがあるため、何らかのショックで需給バランスが崩れたときに価格が均衡水準に戻らない現象のことである。より厳密に言うと、需要と供給の弾力性により均衡価格へ収束、振動、発散するケースがある。甘蔗は天気による豊凶の影響を受けやすいため短期的な需給バランスが崩れやすいが、収穫期が存在し、加工・輸送にも一定の時間がかかるため、需給調整には時間がかかる。このようなタイムラグが存在するため、砂糖市場の市況を予想するのは難しく、過剰供給や過小供給が常に発生しやすい。したがって、砂糖市場には価格変動のリスクをヘッジするために先物市場が早くから発達したのである。日本商がジャワ糖を対象に思惑投資や思惑輸入を行ったのは、資産運用、リスク管理の意味からもっとも合理的な行動であったと考えられる。

以上が、評者なりの問題意識と感想だったが、紙幅の都合上本書の研究史上の意義や魅力を十分紹介することができなかったのは非常に残念である。また、評者の貧弱な能力による誤読に対しては予めお詫びしたい。

（東京大学出版会、2017年、vi+278頁、4800円+税）

【書評】

白木沢旭児編著
『北東アジアにおける帝国と地域社会』

飯塚　靖

I

　本書は、編者を中心に行われた2011年度から2014年度までの科学研究費研究プロジェクトの成果をもとに執筆されたものであり、朝鮮・満洲・樺太・台湾・中国などの北東アジアを研究対象とした多彩な論文から構成されている。執筆者は12名であり、章別構成は以下の通りである。

序　帝国と地域社会に関する覚書　白木沢旭児
第1部　帝国のプレゼンスの原初形態
　第1章　「トコンヘ一件」再考―北蝦夷地ウショロ場所におけるアイヌ支配と日露関係―　東俊佑
　第2章　日露戦争期から辛亥革命期の奉天在地軍事勢力―張学良・馬賊・陸軍士官学校留学生―　及川琢英
第2部　帝国と「勢力圏」
　第3章　植民都市・安東の地域経済史―2つの帝国のはざまで―　白木沢旭児
　第4章　日中合弁企業：営口水道電気株式会社の経営展開　秋山淳子
　第5章　1940年代初頭の奉天市における中国人工場の地域分布―『満洲国工場名簿』の分析を中心として―　張暁紅
　第6章　朝鮮人「満洲」移民体験者の語りの諸相についての一考察―ライフヒストリー（生活史）法を用いて―　朴仁哲
　第7章　日中戦争までの日中関係を改善するための胡適の模索―胡適の日記を中心に―　胡慧君
第3部　帝国と「公式植民地」
　第8章　旧植民地在住日本人の記憶とその記録　辻弘範
　第9章　第二次朝鮮教育令施行期（1922～1938年）における女子高等普通学校卒業生の進路選択について　崔誠姫
　第10章　植民地企業城下町の構築と変容―日本窒素肥料の事例―　内藤隆夫
　第11章　朝鮮北部残留日本人の活動と「脱出」・「公式引揚」―日本窒素肥料の事例―　内藤隆夫
　第12章　日本の植民地下における生漆「国産化」の展開過程　湯山英子
　第13章　日本領期の樺太における温泉開発と温泉をめぐる人びとの精神誌　池田貴夫
あとがき　白木沢旭児

II

　まずは本書の概要を紹介しよう。編者執筆の序においては、帝国主義論・帝国論が検証され、「社会主義崩壊後の学問状況のなかで、マルクス主義歴史学やマルクス経済学は大きな岐路に立たされた。従来の発展段階論は影をひそめ、言葉としても用いる者は少なくなった。帝国主義は独占段階の資本主義と定義されたために、発展段階論の終焉とともに帝国主義論も終焉を迎えることになる」と述べられ、本書もマイケル・ドイルの帝国論に依拠するとされる。また、19～20世紀の北東アジアは、ロシア（ソ連）、清（中国）、日本という3つの帝国が勢力圏を交錯させてきた世界でもまれな地域であるとして、北東アジアを研究対象とした本書の意義が示される。

　第1部は、後に日本帝国の「勢力圏」あるいは「公式植民地」に組み込まれる地域について、それ以前の地域社会の状況を取り上げている。東論文は、幕末の北蝦夷地（樺太）のウショロ場所において、越前大野藩の「撫育」の下にあったアイヌが、ロシア人により北サハリンに連れ去られた事件を再検討したものである。そして本事件の真相は、日露両国支配のはざまにあるアイヌの主体

的な行動であったと結論付けられている。及川論文は、日本・ロシア・大清帝国の利害が錯綜する東三省の軍事情勢の一端を明らかにすることを目的として、馬賊出身の軍事指導者及び日本の陸軍士官学校留学生の帰国後の動向を追究している。すなわち、日露戦争時に張作霖などは日本軍の特別任務班とどのように関わったのか、また日露戦争後の彼らの清国軍編入と日本側との関係が明らかにされている。そして、「張作霖にとって日本は決して感服の対象とはなりえず、日本との関係は情勢いかんによって変化しうるドライな関係であり続けるのである」とされ、その主体的姿勢が主張されている。

第2部では、公式植民地ではないが日本帝国の勢力下におかれた満洲などの地域の問題を取り上げている。白木沢論文は、日本帝国と中華帝国のプレゼンスの解明を目的に、安東の都市形成及び産業動向を検証している。秋山論文では、開港地・営口において日中合弁企業として設立され、水道・電力（電燈）・電話・運輸の事業を展開した営口水道電気株式会社の経営実態が解明され、経営を巡る日本側・中国側の対抗と協同の混在という特徴が提示されている。張論文は、1940年代初頭の奉天市における中国人工場の地域分布を検討したものであり、日本側により建設された新市街及び準新市街へも中国人工場は積極的に進出し、一部有力中国人工場は日系大規模工場の下請工場として成長を遂げていたとされる。なお第3、4、5章については、Ⅲにおいてより詳しく考察を加えたい。朴論文は、中国東北地域で暮らす朝鮮人満洲移民体験者へのインタビューを、ライフヒストリー（生活史）法を用いてその語りの諸相を分析したものである。そこでは、シベリアに抑留された朝鮮人からのインタビューも紹介されており、シベリア抑留を再考させられる。胡論文は、太平洋問題調査会（IPR）中国支部の重要人物である胡適が、満洲事変から日中戦争に至る時期に、同調査会を舞台に日中問題の改善のためにいかに取り組んだかを検証したものである。胡適の日記を基に、彼の言動が詳しく再現されている。

第3部には、公式植民地である朝鮮・台湾・樺太に関する諸論考が掲載されている。辻論文は、福岡市総合図書館の「郷土・特別収蔵室」に所蔵されている自伝資料の中から、朝鮮での植民地体験が語られている資料を選択し、その記述内容から旧植民地で暮らした人々の心性を探るとともに、それを生み出した旧植民地の状況をも考察している。旧植民地や中国・満洲で生活した人々はたくさんの自伝・回想記を残しており、それを歴史資料としていかに利用するかは大きな課題であり、本論文の試みは大変貴重である。崔論文は、女子高等普通学校（内地の高等女学校に相当）卒業生の進路選択を分析し、多くの卒業生が卒業後の進路として「家事」を選択した事実を明らかにしている。そしてその理由の一つとして、朝鮮総督府が女子に対しては家庭において日本語や日本式生活文化を伝え、日本の臣民をつくり出す育児を行うことを期待したことがあると指摘している。内藤論文（第10章）は、日本窒素肥料の朝鮮における本拠地・興南および永安・阿吾地を「植民地企業城下町」と位置付け、その構築と実態および終戦後の変容を検討したものである。内藤論文（第11章）では、前章を受けて、敗戦後の日本窒素肥料日本人従業員のソ連統治下でおかれた状況と「脱出」「引揚」を分析している。なお第10、11章については、Ⅲにおいてより詳しく検討する。湯山論文は、漆器製造だけでなく工業用塗料（汽車・自動車・紡績木管の塗料、砲弾用錆止め）としても重要性を増した生漆について、台湾を中心とした国産化の取り組みを分析したものであり、官学及び民間による安南産漆の移植・造林の試みが明らかにされている。池田論文は、日本領期の樺太における温泉開発の歴史と温泉施設の立地を網羅的に明らかにしたものである。そして、樺太住民は温泉を探し求めたが、発見されるのは鉱泉ばかりであり、設備の不完全な一軒宿や浴場が作られただけであり、人々の生活に余裕ができて北海道の温泉に出かけるようになると、樺太の著名な温泉は廃業してしまったと結論付けている。

III

　ここでは、評者の問題関心から、第2部第3、4、5章、第3部第10、11章について詳しく論じたい。まずは、各章の内容をより詳しく紹介しよう。

　第3章では、まず安東の都市形成が論じられる。中朝国境を流れる鴨緑江に面する安東は、中国人が移住して、旧市街が形成された。日露戦争の際に日本軍は広大な土地を買収し、新市街として独自に開発した。日露戦争後にこの土地は日本人居留民団により管理されたが、1923年10月には満鉄に移管され満鉄附属地となった。この新市街には日本人が居住し商工業活動に従事したが、中国人住民も増加し、やがて中国人がマジョリティとなった。本章では、日本人・中国人商工業者の新市街・旧市街の分布状況が検討され、前者は新市街に集中していたが、後者は必ずしも旧市街に集中せず、新市街にも進出したとされる。このように日本側が整備した新市街が、中国人によって居住・営業の場として利用されていたのである。

　次に本章では、日本人及び中国人が結成した経済団体について検討されている。日本人商工業者は、日本内地の制度にならって1908年安東商業会議所を設立し、これは1928年に安東商工会議所と改称された。また、中国側は独自の自治的団体として商会を組織した。本論文では、この商会の活動内容にまで踏み込み、税の評定・徴収や治安維持のための武装の実態などが詳しく紹介されており、興味深い内容となっている。1938年には安東商工会議所と中国側の安東総商会などが合併して安東商工公会となった。筆者は、「これほど性格を異にする2つの組織が統合された場合、新組織の性格はどのようなものになるのであろうか」との疑問を提示しており、満洲の他地域を含めて商工公会の実態解明は今後の重要な研究課題であろう。

　さらに本論文では、安東工業の変遷が追われる。そして、『満洲国工場名簿』などの統計データを分析し、旧来の三大工業（製材・油房・柞蚕製糸）が衰退して、ゴム工業・綿織物業・鉄工業などの新興工業が登場したことが確認される。また、日系と中国系を数量的に比較して、工場数においては中国系の方が優位にあった事実が示される。1940年代に中国資本を中心とした鉄工業などが発展した背景には、大東港築港計画を見込んでの日系大企業の工場建設があったとしている。

　第4章も前章と同様に、まず営口の都市形成から説き起こされる。営口には開港地として旧市街が存在し、またやや離れた牛家屯には中東鉄道の営口駅と鉄道附属地があった。日露戦争時に日本軍は、旧市街と牛家屯の中間に位置する土地を買収し、新市街として開発した。日露戦争後日本は、ロシアから営口支線と附属地を引き継ぎ、清国側と交渉して同支線を満鉄支線とすること、さらに同支線を延長し営口駅を新市街に移転することを認めさせた。この新市街は、当初日本人居留民団により経営されたが、1923年には満鉄に移管され満鉄附属地となった。日露戦争後、営口に新たな土地を確保した日本側は、水道・電気などのインフラ建設を実施すべく、民間出資により1906年11月に営口水電株式会社を設立したのである。同社は日本商法に準拠したが、公共インフラ整備ということで中国側の出資も求め合弁企業として経営されることとなった。本論文は、この合弁企業の事業内容、日中の株式保有状況、役員構成などの詳細なデータを提示し、その内実に迫るものである。

　営口水電は中国人株主の比率が高く、設立当初には4万株のうち中国人株主が1万2440株を保有しており、その後中国側の株式保有比率がさらに増加した。これに対処して日本側が経営権を保持するため、1911年には満鉄が本格的に出資し、日本人保有株式を買収し、満鉄が6割以上の株式を保有し経営権を握った。ただ依然として中国側の株式保有比率は高く、中国人有力商人が株主となり、彼らが役員にもなっていた。著者はこの中国人役員について、中国側の商業団体である営口商務会の役員層であり、金融（銀炉）、油坊、運輸などを複合的に手がける有力商人であるとしてい

る。そして中国人役員は、会社経営に独自の要求を出し、1920年代後半の「国権回収運動」以降は、事業経営への関与が積極化した。本論文では、重役人事や料金設定を巡る日中双方の駆け引きが詳しく検討されている。

第5章は、満洲国最大の工業都市である奉天市について、1940年代初頭における中国人工場の生産内容と地域分布を日本人工場と比較しながら検証したものである。著者の問題意識は次の2点である。まず、日本側により開発され「植民地都市」とも呼ぶべき新市街及びそれに隣接する準新市街は、中国人居住区である旧市街とは完全に分断され、日中間で棲み分けの状況にあったのかどうかということである。次に、これまでの満洲国期の工業研究では、中国人工場の実態が正確に把握されておらず、その重要性が正しく位置付けられていないということである。こうした問題の解明のために、著者は『満洲国工場名簿』を利用している。この統計には、会社形態をとらない職工5人以上の工場も含まれており、小規模工場の把握も可能となるのである。こうして著者は、本統計の詳細な分析から以下の結論を導いている。まず第1に、1940年の奉天市では、中国人工場は工場数では7割以上、生産額では4割弱を占めており、必ずしも日本人工場が圧倒的地位を占めてはいなかった事実である。第2に、軍需品や鉱山用品などを生産する機械器具工場は、日系資本とのつながりが多いため、新市街・準新市街に数多く進出していることである。しかも、それら工場の生産規模や内容は日本人中小規模工場と大差はなく、一部有力中国人工場は日系大規模工場の下請工場として成長を遂げていたのである。

第10章では、日本窒素肥料（日窒）の興南および永安・阿吾地での工場建設と事業内容が紹介され、次いで「植民地企業城下町」の形成過程やその実態が探られる。興南は元々戸数百数十戸の寒村であったが、その土地を日窒が買収して、1927年より建設が開始されたものである。日窒は工場を建設するだけではなく、住宅・学校・病院・娯楽施設など都市インフラを一から建設した。本章では、『日本窒素史への証言』に掲載された同社関係者の回想記を利用して、こうしたインフラ設備の在り方や日本人・朝鮮人の具体的な姿が生き生きと描かれている。例えば、社宅については、日本人従業員の場合は身分によりクラス分けはあったが、上下水道・蒸気暖房完備、廉価な電気料金など快適な居住環境が整えられた。他方、朝鮮人労働者の場合は、当初は社宅もなく、後に朝鮮人労働者が増加すると独身寮がつくられたが、それは非常に劣悪な内容であった。なお、敗戦後、朝鮮人労働組合により日本人従業員には朝鮮人社宅への強制移住が命じられ、日本人従業員はその劣悪さを身をもって体験することになる。本章で述べられる戦争末期の興南工場の労働環境も興味深い内容である。すなわち、日本人は応召者が急激に増加して、各工場における日本人の比率は2割以下となり、朝鮮人労働者の量的重要性が増し、朝鮮人のみで工場の通常操業を行うことも可能となり、また朝鮮人への手当支給も検討されたとしている。つまり、戦況の悪化による日本人応召者の増加が、朝鮮人の工場進出を促し、これが戦後に朝鮮人自らが工場を操業できる条件を準備したのである。なお、著者は結論部分で、興南では朝鮮人民族資本による関連産業の形成を喚起しなかったとしているが、その理由は説明されていない。例えば、日窒は必要資材すべてを自社内で生産・調達しようとしたためか、あるいは興南にはもともと産業基盤がなかったためか。こうした理由が考えられるが、その解明は今後の課題であろう。

第11章は、前章を受けて、戦後朝鮮北部残留日本人、特に日本窒素肥料関係者を中心として、当地での残留時の状況、及びそこからの「脱出」と「公式引揚」が検討されている。敗戦時興南には約1万9000人の日本人が居住していたが、その後咸鏡北道からの避難民が流入し、総数2万7000人となった。他方、日窒日本人従業員は工場から締め出され、朝鮮人社宅への移住を命じられた。日窒関係者と避難民は、狭い社宅での生活を余儀なくされ、食料配給も不十分であり、発疹チフスなどの伝染病が蔓延し、多数の死者が出た。こうし

た状況に対処するため、終戦直後から民間日本人の連絡機関として世話会が組織された。京城を中心とした南部の世話会は米軍の日本人送還への協力と北部からの脱出者の受け入れに従事したのに対し、興南などの北部の世話会はソ連軍が日本人送還にまったく関心を示さないなか、日本人を南部に脱出させることが最重要任務となった。興南世話会は、途中内部の主導権争いで名称を居留民会と改めたが、1946年6月までに大部分の日本人の脱出を成し遂げた。

終戦直後、興南工場の日本人従業員はすべて工場から締め出されたが、世話会からの工場側への要望もあり、1945年10月には一部の日本人が「人夫」として就労することが許された。そしてこの「人夫」集団には電工・溶接工などの経験者もいるため、朝鮮側の技能工の不足を補うため多数雇用された。また、技術者・事務職員は「指名就労者」と呼ばれて好待遇で雇用され、生産指導や人事・教育制度の研究・企画などを担当し、さらに技術教育機関の設立・指導も行った。しかし、朝鮮北部の現実に幻滅した技術者などからは脱出者が続出し、1948年7月までにはすべて引揚げた。前述のように生産現場の操業は朝鮮人だけでも可能となったとは言え、日本人の技術管理層や技能工が抜けた後、現地朝鮮人のみでそれをカバーするのは難しく、どうしても日本人の補助が必要となり「人夫」、「指名就労者」の雇用となったものであろう。評者は戦後満洲での日本人技術者の残留について研究しているが、そこでは「留用」という名の下で多くの日本人が中国側に協力した。そして、技術指導や研究・教育に携わり、戦後中国への技術の継承で大きな役割を果たした。朝鮮北部でも同様の事実が確認でき、大変興味深い内容である。ただ中国の場合は、多くの技術者が1950年代初頭まで現地に留まったが、朝鮮北部では比較的早期に引揚げており、これで十分な技術の継承がなされたのか、疑問が残る。

上記諸論文の検討から浮かび上がった歴史的現実は、日本帝国が進出してインフラ建設、産業建設を実施しても、そこに居住し経済活動に従事するのは現地住民が圧倒的多数であり、日本側がそれを完全にはコントロールできないことである。現地住民は日本側の暴力装置や経済力により圧迫・抑圧を受けながらも、それに抵抗・妥協しつつ、日本帝国が新たに付与した条件を利用して、自分たちの生活・産業基盤を築いていったと考えられる。それは、営口における水道・電気などのインフラの利用、安東・奉天市における新市街への中国人商工業者の進出などに如実に示されている。もちろん公式植民地・朝鮮と非公式植民地・満洲とでは条件は異なり、朝鮮においては日本帝国の支配がより重くのしかかり、現地住民の生活や生産活動はより強い束縛を受けたであろう。ただ、興南の事例からも分かるように、日窒工場の朝鮮人労働者は生産の主体として確実に成長を遂げていたのである。

こうした、公式・非公式植民地における現地朝鮮人・中国人の主体的動きを明らかにした点が、本書の重要な成果であると言える。かかる成果が可能となったのは、分析視角として帝国主義論ではなく、帝国論を採用した点にあるのではないかと考える。すなわち、日本帝国主義による抑圧や収奪という図式では見えない新たな実態が見えたものであろう。

最後に若干の疑問を提示したい。19世紀末から1900年代にかけて、ロシア帝国、清帝国、日本帝国は、北東アジアで勢力圏を「交錯」させていた事実は本書で示されており、納得できる。ただ、1910年代の辛亥革命及び社会主義革命で誕生した中華民国とソ連を帝国論の中でどのように位置付けるべきか、また両者と日本帝国が北東アジアで勢力圏をいかに「交錯」させたのか、本書ではこの点について十分な説明がなく、不満が残った。また本書では、19世紀末から第二次世界大戦終結までの時代を、これまでの歴史学研究の成果を踏まえて、「いわゆる帝国主義の時代」と位置付けているが、そうした理解ははたして妥当なのか、これも疑問である。そうした旧来の理解では、欧米・日本を帝国主義国として批判的にとらえ、他方中国・朝鮮などのアジア民衆の反帝国主義運動・

ナショナリズム運動及びそれを支援するソ連を高く評価するという枠組みから離れることができないのではないか。これでは、ソ連の帝国としての真の姿や中華民国のプレゼンスが後景に退いてしまうのではないか。評者はこのように危惧する。

以上、評者の関心に引き付けて本書に関するコメントを若干述べた。本書が多くの読者に読まれ、北東アジアに関する研究がより一層進展することを期待したい。

（北海道大学出版会、2017年、vii＋498頁、8,200円＋税）

【書　評】

加藤圭木著

『植民地期朝鮮の地域変容―日本の大陸進出と咸鏡北道―』

山口公一

Ⅰ

本書は、著者の一橋大学大学院社会学研究科博士論文に加筆修正を加えた労作であり、「ロシア・中国と国境を接する朝鮮東北部に位置し日本の大陸進出の拠点とされた咸鏡北道。植民地時代の経済活動・軍事基地や港湾の建設・貿易・地方行政機構・人口の動きを、地域社会の特質や国際情勢、自然環境など複合的視点から考察する。朝鮮社会の主体性や独自性に迫りつつ、日本の植民地支配下における地域変容の実態を明らかにする意欲作」（裏表紙カバー）である。本書の構成は以下の通りである。

序章
第一部　咸鏡北道の変容と朝鮮植民地化
第一章　近代の咸鏡北道
第二章　日本の朝鮮侵略と清津港
第三章　日露戦後の咸鏡北道
第二部　せめぎ合う漁村と「開発」
　　　　―1930〜40年代の羅津―
第一章　行き詰まる港湾都市「開発」
第二章　地域の有力者・産業からみる社会変容
第三章　戦時体制と港湾・漁村
終章

Ⅱ

序章では、咸鏡北道という特定の地域を対象に社会変容を考察することで、植民地期（1910-45）に朝鮮社会はどのように変容したのかを明らかにすることを課題とすることを明示している。著者は、咸鏡北道に地域設定することのメリットとして、

第一に、他の地方と異なる経済的特質を有し、相対的には日本側が経済的に浸透しにくく、日本の支配によって制御し得ない地域の動向が浮かび上がりやすい点、第二に、ロシア・中国と国境を接しているという条件（国際的な状況）と関連づけて論じることができる点、第三に、日本の満洲侵略と関連づけて日本の朝鮮支配政策を論じることができる点、第四に、1920年代以降イワシの大量回遊という自然環境の変化による漁業の変容という歴史を持つ点を挙げる。その上で、第一部では、咸鏡北道全体の社会変容を論じるにあたって、道全体の状況を示しながらも、随所で吉州、城津、鏡城、清津、慶興、雄基、羅津などの個々の地域社会の具体的状況を提示するとした。第二部では、1930～40年代の考察では羅津の動向を中心として、咸鏡北道の社会変容の一端を描き出すとした。

本書の分析視角としては「開発の植民地性」を明らかにする点を挙げている。但し、朝鮮社会の内在的な要因や国際的要因、帝国内における植民地間関係、自然環境の変化など多面的に分析することで、日本側の政策に一方的に規定されるわけではない、咸鏡北道社会の独自の歴史像を提示するとした。さらに、日本側のために専ら行われ、朝鮮社会に浸透することは決してなかった「開発」政策に伴う地域社会の葛藤と矛盾をみることで、「朝鮮人の主体性」に留意するとした。

利用史料は、韓国の国家記録院所蔵地方行政文書や満鉄関連、『村上義一文書』などである。著書はこうしたねらいを序章で論じるにあたって、咸鏡北道の通史を書くことではなく、咸鏡北道という特定の地域を対象に社会変容を考察することこそ本書の目的であると強調している（5頁）。

第一部では、咸鏡北道の変容と朝鮮植民地化を論じる。

第一章では、植民地期の歴史的前提としての「韓国併合」以前の咸鏡北道の経済的特質、貿易、対露貿易の進展と吉州・鏡城・慶興といった咸鏡北道内の主要地域の経済的状況をまとめた上で、日露戦争直前の咸鏡北道は日本の経済進出が他地域に比べて、それほど進展していない地域であったと結論づけている。

第二章では、日露戦争を契機に清津が軍事的要衝として「開発」されたことを明らかにし、羅南や鏡城などの人口変動とその要因について分析している。特に、清津における輸送手段としての軽便鉄道の日本軍による建設と朝鮮人牛車運送組合の反対や日本軍による鉄道敷設とその目的、それに伴う日本人商業組織の活動の様子などが明らかにされ、清津港の開発などの事業は従来の鏡城中心の経済のあり方に再編を迫ったが、日本側の政策が咸鏡北道の社会に完全に浸透したわけではないと結論づけている。

第三章では、第一に、日露戦後から1920年代までにおける咸鏡北道の交易の変容を以下の五点から明らかにした。①雄基港、独津港における「韓国併合」前後の沿岸移出入のあり方からその存在感の大きさを明らかにした。②開港場であった城津・清津両港はいずれも移出入額を拡大したが、規模としては城津港が大きかった。清津港は主として間島との通過貿易や日本人の需要に対する供給を担う面が強かったとした。③咸鏡北道の輸移出品として朝鮮大豆が大きな割合を占めており、これにより咸鏡北道は日本経済に対する従属を深めていたとした。④清津港が植民地以前から存在する吉州の市場との結びつきの中で形成されたこと、雄基港も以前から交易の拠点となっていたことから、城津港・雄基港の方が清津港よりも咸鏡北道の経済との結びつきが強かったとした。清津附近では日本人主導で市場が設置されていた。⑤ロシア革命の影響から咸鏡北道と沿海州との経済的結びつきは弱まっており、生牛は日本本国へと多く移出されるようになり、日本人が掌握するようになった。従来、沿海州と経済的に結びついていた琿春は咸鏡北道、特に雄基港との結びつきを強めた。

第二に、1920年代の植民地下の咸鏡北道の港湾と地域のあり方を、日本人中心の清津・羅南、雄基・城津がこれに次ぎ、鏡城など朝鮮人中心の社会があることを人口構成から分析した上で、それぞれの地域特徴を明らかにした。特に鏡城は朝鮮

人が圧倒的多数を占めたが、1917年の清津鉄道開通以降、物資の集散拠点としての役割を城津に奪われ、後に咸鏡北道庁も羅南に移転するなど没落した。商業においては日本人優位であったが、朝鮮人側は社会運動や教育の中心であったと認識していた。しかし、咸北公立師範学校も日本人が集中する羅南に移転した上、その経費負担も求められたため、鏡城郡悟村面では経費負担加重の主張がなされたという。城津港は1930年代まで朝鮮人商業有力者が存在感を発揮し、「朝鮮人の浦口」と呼ばれたが、大豆・生牛の輸移出で日本経済への従属を深めた。雄基港では日本人商人と一部の朝鮮人有力者が鉄道敷設運動を行ったが、牛馬中心の陸路貿易を維持したい朝鮮人と利害が一致しなかったことなどを明らかにした。

第三に、植民地期咸鏡北道の農村と農家経営を穏城の農家経営を事例に、大豆生産を元に現金収入を得て、満州産の自家用穀物と防寒用の衣類を購入していること、相当数の穀物の密貿易が行われていたことなどを明らかにした。

以上の分析から、第三章では日本による咸北の軍事的再編や沿海州貿易の途絶による日本経済への更なる従属、清津港の開発に伴う鏡城の衰退、日本の経済進出に対する朝鮮人の格差意識や対抗意識の存在を明らかにした。

Ⅲ

第二部では、咸鏡北道の港湾都市である羅津をフィールドにして、1930～40年代における漁村の「開発」をめぐる地域住民の「せめぎあい」を掘り起こすことで、咸鏡北道における地域変容を明らかにした。羅津を分析の対象地域としたのは、①咸鏡北道において満洲国建国の影響を一番受けた地域であること、②新たに開発政策の対象地域として選定されたため、開発をめぐる地域社会との葛藤や矛盾が顕著に現れると考えたためであるとしている。

第一章では、変容の前提としての「開発」以前の羅津から、1930年代に「開発」され、港湾都市化を目指した羅津「開発」の展開過程を明らかにした。朝鮮王朝以来、漁業が主要産業であった羅津は、羅津洞が地域社会の中心であったが、1910年代に新安洞へ行政の中心が移って、羅津洞は寂れることとなった。1930年代には「満州事変」以降、日本陸軍は京図鉄道敷設を目指し、その終端港を羅津とすることを1932年に決定した。陸海軍の羅津「開発」推進の主張に対し、南満洲鉄道や朝鮮総督府は消極的姿勢をとったため、「開発」に影響した。羅津が終端港に決定すると、土地価格が暴騰したが、朝鮮人の土地は極めて低価格で買収された。雄基在住の柳宗学は、開発によって朝鮮人が得た利益は極めて限定的で、朝鮮人よりも外来資本家に利益をもたらすものと指摘し、朝鮮人独自の事業を興すことで、羅津を「我々朝鮮人の根拠地」とすべきと主張した事例も紹介されている。羅津で進んだ土地買収・収用政策は、①土地投機によって地主となっていた日本人を対象とした港湾用地確保のための収用、②漁村地域の朝鮮人地主を対象とした軍用地確保のための収用として進んだ。港湾用地の確保は、満鉄に代わり、総督府が土地収用令によって土地買収を担当し、地主との事前協議なく進行した。収用対象となった日本人地主の抵抗に対し、当初の満鉄査定額よりも5割強引き上げた総督裁定によって地主側の主張を退け決着した。満鉄・日本人地主側とも不満が残った。こうした事態に対し、低価格による「任意買収」に応じた朝鮮人元地主も抗議したという。軍用地の買収は、漁業を経済的基盤として、漁港としての発展の一攫千金を夢見ていた羅津洞の地主たち（朝鮮人有力者）は地価の暴落を予想し、落胆したという。道の行政幹部が地主を個別訪問し、かなりの圧力もかけて説得交渉し、買収された土地は軍事用の「護岸荷揚場」に利用されたという。最終的には羅津港は8つの埠頭が築造され、1935年11月1日、開業した。さらに雄基と羅津を結ぶ雄羅鉄道も同日全線開通した。

羅津の人口は、新安洞や間依洞といった都市的要素の強い中心部に羅津邑全体の83％の人口が集中していた。日本人のほとんど、朝鮮人の約79％がこの中心部に居住した。その89％が商工業者・

労働者・雑業層であった。この中心部が「市街地計画」の対象となった。中心部に隣接し、満鉄埠頭建設地にも近い踰峴洞は中間部で商工業者・労働者・雑業層が人口の約73%を占めた。農業・漁業は朝鮮人人口の約23%が従事した。農漁村である周辺部は朝鮮人人口の約82%が農業・漁業に従事しており、人口増加は比較的少なかった。終端港決定に伴い、労働者・商工業者・雑業宗を中心とした人口が中心部に大幅に増加した。中心部では日本人、朝鮮人が混在、農業が衰退して、1936年には水田が完全に消失した。周辺部ではほとんど朝鮮人が占めた。羅津洞の増加人口は漁業の隆盛と関連があった。

　1934年11月20日、朝鮮総督は朝鮮市街地計画令に基づく最初のものとして羅津市街地計画区域、計画街路、土地区画整理地区を告示し、羅津邑に対して整理事業を1937年3月末までに完了するよう指示した。将来は30万人都市を目指すと喧伝した。著者は朝鮮市街地計画令の特徴を、①新たな市街地創設、②決定に際し中央集権的性格が強い、③土地区画整理事業の規定が日本本国より強化され、移転・立退命令での強制［行政執行］がなされたことを植民地であるがゆえの強権規定と位置づけている。

　こうした強権規定の下で、土地区画整理事業は進められるが、さらに事業の費用を地主に負担させる規定も朝鮮市街地計画令には存在した。終端港決定以後の土地が投機対象になっていたこともあって、工事終了前から地主から一部の負担金を徴収する方式は工事の施行に否定的な影響を与え、工事の大幅な遅れが負担金の徴収の遅れにもつながった。こうした状況に不在地主の増田大吉から不満の声が上がったことが紹介されている。

　一方、終末港決定を聞いて、仕事を求めて羅津に集まってきた「貧民」は住居を確保できず、バラックを建てて3年間居住したが、都市計画の実施に伴い、河川敷地から撤去・移転を強いられた。700余戸3千余名への退去命令であった。600余戸が退去期限の迫った段階で依然として行き先なく止まり、移転命令に対する陳情運動も起こっていたこともあり、1936年春まで工事に支障が無い範囲で黙認された。同年5月に強制執行が行われ、住宅は撤去され、羅津より転出する者も出て、同年7月には集中豪雨で土幕すら失う者が出て、不満が高まった。住宅撤去に際しては一部300余戸には「補償金」も支払われたが、1937年4月段階でも1500戸が退去しておらず、総督府土木事務官が「移転は頗る困難を究め、一部は強制力を用いるの已むなきに至り」というほど、住居撤去に対する抵抗が市街地計画の進行に大きな障害となっていた。また1935年中に移転した土幕居住53戸が代替地において、完全待遇の日本人と悲惨な環境下におかれた朝鮮人とのあいだで待遇に差別があったという。こうして羅津は1935年末から1936年末にかけて中心部の人口が減少した。住宅撤去の他、雄羅鉄道の営業開始による労働力需要の減少や「細民」への撤去命令がその原因とされ、府当局や府会議員は市街地計画の「促進」に危機感を覚え、工事の遅れにいらだった。朝鮮軍参謀は羅津の宿営力の少なさに対する羅津への失望を述べた。第一章で羅津港開発の展開過程を追うことで、「開発の植民地性」が明らかにされた。それは開発決定過程からの朝鮮人の排除、開発手法の強権性、羅津の大多数の朝鮮人に利益をもたらさず、生活を破壊したことを明らかにした。

　第二章では、羅津の地域有力者と産業に注目し、地域支配の実態や地域の人々の生活の成り立ちを明らかにし、開発政策に組み込まれることのない独自の社会像を浮かび上がらせることを課題としている。その際、池秀傑の「官僚―有志支配体制」という捉え方などに学び、羅津の有力者の動向を、特に面協議会・邑会・府会の動向と関連づけて、満洲侵略に伴う朝鮮社会の再編を、面から府へ、漁村から「都市」へと再編された羅津の有力者の動向から描き出そうとした。まずは羅津の行政機構の変遷を整理した後、都市計画事業が羅津の財政を膨張させ、税収入だけでは賄うことが出来なくなり、補助金や財産売却によって予算を確保するようになり、起債への依存が高まり、不安定な財政状況であったことを明らかにした。そして、

終端港決定前後の地域有力者のあり方を、①1928年2月から1936年3月までの面協議会・邑会の構成員となった羅津の有力者、書堂を設立した中心人物がイワシ漁業・加工業者である洞レベルの、面長も経験した有力者の存在は、総督府も地域支配にあたって無視できない存在であったこと、②朝鮮人面協議会員や邑会議員は「朝鮮人の羅津」認識に従って、羅津邑長の土地売却に伴う吏員採用提案に代わって、給料引き下げ人員採用を提案した有力者の修正意見の可決など、邑長との対立、衝突をしながらも、朝鮮人を雇用せよといった主張をしていたことを明らかにした。その後の終端港決定以降の地域有力者として、学校設立運動を行った地主や吏員が、終端港決定前後の土地高騰で利益を得て、商工業者などに転換を果たし、増加したことを受けて、1933年に羅津商工会が設立された。日本人商工業者のなかで、上記の朝鮮人商工業者たちも商工会に参加して、府レベルで存在感を高めていった。しかし、港湾都市建設のほかに大きな課題もなく、商工業は十分な発展を遂げることが出来ないでいた。1935年以降、邑会・府会議員が大幅に入れ替わって、日本人商工業者の増加が有権者数を変動させ、日本人議員の比率を増加させた。第1回府会選挙では朝鮮人議員は全議員の3分の1に届かなかった。また、府会議員が商工業者、会社員に限定される傾向となったことは、漁村・農村レベルの有力者の大部分が府会から排除されたことを意味した。これにより羅津の「都市化」は強く押し進められたが、イワシとワカメを主要な漁獲物とした漁村としての羅津は、日本の商社に従属しつつも、現地朝鮮人中心のイワシ油肥加工業によって、羅津の人口増加を支えることとなった。従って、府会議員の構成の変化が農漁村に対する都市の一方的な圧倒を意味するものではなかった。しかし、「開発」を進める府会議員と撤去される人々との矛盾は深刻であった。起債による財源で都市開発を進めようとする府尹に対し、府会は土地増価税という不在地主への課税の樹立を求めたが、これは不在地主が極めて安い地税のみを払うだけで開発の恩恵を預かろうとしているとの在地地主の不公平感からなされたことであった。このように、漁業を基盤とした朝鮮人社会の存在は行政の進める開発に取り込まれない地域社会があったことを示していた。それは港湾都市開発政策に収まらない朝鮮人を中心とした漁業の隆盛の同時進行を明らかにしたということでもあった。

第三章は、戦時体制下で羅津が経済的、軍事的に重要性を増すことになる情勢の変容を考察したものである。満洲国における新たな鉄道が「北鮮三港」に、新しい東北満経済地域の海港であり、日本本国から咸鏡北道を経て満洲に至る「北鮮ルート」は、移民を含めて、日本と朝鮮を結びつけ、延いては海外への門戸をなすものという、新たな役割を与えることとなった。日中戦争により、大連港の機能飽和に伴う欧州向けの大豆積載船が羅津港を利用したり、満洲への輸出用の阪神の滞貨が「北鮮三港」に流れるなどの経済的重要性への注目や、1938年の張鼓峰事件によるソ連軍の空爆被害や、羅津の兵站業務能力の問題性や労働力不足、「給養力」不足は軍事的な重要性も意識させ、1938年には関東軍主導での羅津開発方針が作成された。羅津港での貿易は通過貿易が多く、輸出品は満洲大豆が中心であった。欧州市場を対象としていた満洲大豆の輸出が、第二次世界大戦の影響で閉鎖され、1940年以降激減した。それに代わって、日本に供給される大豆、大豆粕、麻類を中心とする輸出に変化していった。港湾都市開発に伴う土建労働が一段落することで、労働力需要が減少し、都市中心部においては人口が減少していた。そのことはイワシ漁業の拡大と相俟って、羅津港における荷役労働の臨時労働力の確保が困難となった。1939年になって羅津の人口は再び増加することとなるが、これは戦時労働動員を伴う軍事港湾施設建設（開発）によるものであった。1938年の間依洞の漁民は移転の対象とされ、軍事施設の建設は本格化した。また同年には、羅津府による第二区、第三区土地区画整理事業が施行され、予め起債による費用を確保し、地主に3年間で負担金を分納させての償還が試みられたが、順調に進

まなかった。1939年の府営住宅は底辺労働者や雑業層のためではなく、府公署職員向けの住宅不足対策であった。また同年、明湖洞一帯を対象として小企業を対象とした工場用地造成計画が告示され、700余戸の「部落」が開発の障害として撤去が検討された。1941年には新安洞採藻組合の漁業権が国防上の理由から制限された。一方、1939年には、羅津府会でも税負担の重さ、開発の生き詰まりへの不満が複数の議員から表明されるようになっていた。財政確保の問題から労働者定着の失敗や、中心部における第一期区画整理地区において未だ7割5分の空地があることなどが指摘された。結局、羅津の開発政策は順調に進まず、中心部ではほとんど住居が建っていない状況が出現したが、こうした荒廃状況は現地社会の大多数を無視して開発したことに起因すると結論づけている。しかしこうした荒廃状況は漁村としての羅津には該当していないことにも言及している。

Ⅳ

終章では、各章の内容を踏まえて、結論が述べられている。

第一に、社会変容の捉え方には、複合的視点が必要であると指摘する。咸鏡北道においては、①経済的側面においては植民地期の日本による港湾・鉄道建設が日本側の経済進出の足がかりとなったこと、それらを通じて、咸鏡北道は日本経済への従属が強められていくと同時に、日本本国と満洲を結ぶ接続ルートの経由地に改編されたこと、②軍事的側面においては、羅南への軍事基地の建設、羅津の開発を通じた咸鏡北道の軍事的拠点として再編されたことが目指されたとした。しかし、日本側の政策が咸北社会を全面的に変容させたわけではないと留保し、植民地化以前の社会のあり方に規定されたことにも言及している。城津港・清津湾は植民地以前から交易の拠点であったため、植民地化以降もある程度朝鮮人が主導権を握ることができたという。③国際的情勢としては、ロシア革命によるウラジオストクとの交易の途絶したことで、咸鏡北道の雄基港と琿春との結びつきが強まったこと、満洲と咸鏡北道とのあいだで密貿易を含む貿易が活発化したこと、日本の咸鏡北道に対する政策は、日朝観だけでなく、満洲国と朝鮮といった植民地間の関係を議論に組み込まなければ理解できないことなどに言及した。④自然環境の変化においては、1920年代以降のイワシの大量回遊。羅津をはじめとした咸北の漁村に大きなインパクトを与え、明太からイワシへと漁獲対象を変えたことに言及した。こうした①〜④の複合的視点が必要だと主張している。

第二に、日本側による咸鏡北道の「開発」から「開発の植民地性」を読み取る視点を提起している。咸鏡北道における開発や軍事基地建設は極めて暴力的に進められた。地域社会の矛盾・葛藤、生活の破壊が引き起こされたことは「開発の植民地性」を示すものとの主張である。

第三に、咸鏡北道の社会変容の過程を、地域社会やそこに生きる朝鮮人の主体性の問題と関連づけて検討することの意義について指摘する。1930年代の「朝鮮人の羅津」を目指そうとする朝鮮人有力者の意識からは、日本人が中心的な位置を占める地域や港では、朝鮮人の格差意識や対抗意識があった。地域社会の側が、ウラジオストクから琿春へ、明太漁業からイワシ漁業へと変化する状況に主体的に対応しようとする点も見逃せないのであって、「地域社会は、植民地支配や国際環境、そして自然環境に一方的に規定される存在ではなかった。植民地支配という状況の中で、大きな限界を抱えていたことは事実であるが、朝鮮人を中心とした地域社会を目指そうという意識や、新しい状況に対応しようとする地域社会の動向からは、朝鮮人の主体性を見いだすことができるのではないだろうか」（245頁）とその重要性をまとめている。

第四に、移動が持つ意味を、社会を動かしていく大きな力と位置づける。人々の生活を支える上で重要な役割を果たした密貿易の存在に象徴されるような国境を越えた人や物の移動の展開は、日本の支配が貫徹することができなかった領域の存在を示すものである。「人々の行動が、総督府の

政策に何もかも規定されていたというわけでもないだろう。人々は、自らの不安定な生活を打破するために、移動したのであった」(245-246頁)として、羅津の人口減少や税の徴収困難が開発を行き詰まらせる一要因となっていったのであり、日本の支配政策が全てこうしたことを完全に制御できるわけではないのであるとの指摘となっている。

V

本書は、研究史的にもほとんど蓄積がない朝鮮北部の咸鏡北道を対象として、多面的かつ複合的な視点から詳細に社会変容・地域変容の具体的状況を明らかにしようとした意欲的かつ貴重な成果である。日本の朝鮮史研究では朝鮮南部を対象とした地域社会史が多い。その意味では朝鮮北部の地域を分析した貴重な試みでもある。また、地域を限定してその変容を詳細に明らかにしようとする成果も少ない。そうした研究状況の下、韓国の研究も含めて、先行研究を参考にした上で、国家記録院地方行政資料などを丹念に調査し、数少ない史料を元に描いた労作である。主に羅津などの地方行政における統計資料を整理、分析し、オーソドックスに時間と空間の変容を明らかにしようとした試みであり、その成果と評価できよう。

特に東北アジア・咸北・羅津など・洞レベルといった重層的な地域設定の下で、変容を明らかにしようとした試みであり、交易や外交の変化、軍事行動、陸上交通・海上交通の整備、鉄道の敷設などの影響により、地域の変容が明らかにされている。中でも、従来、朝鮮における農業を生業とする人々が8割を占めるとされることから、道や府・洞・面以下のレベルで農村の変容が論じられることが多かったが、本書では港湾や漁業・漁村に着眼し、その地域変容が論じられ、研究上、貴重な成果となっている。特に、羅津の地域変容を明らかにした第二部での分析や叙述のあり方はたいへん優れたものとなっている。

論点も多岐に及ぶが、いくつか指摘しておきたい。

第一に、満洲と朝鮮、日本本国といった地域レベルにおいては、沿海州との結びつきから日本への経済的結びつきへの1930年代での変化を読み取り、日本経済への従属を一層深めたと評価する一方で、朝鮮人商業の存在感にも言及し、「朝鮮人の主体性」を重視している。羅津や洞レベルの地域社会の分析においても、その葛藤や矛盾、朝鮮人の対応を明らかにし、「朝鮮人の主体性」を見いだしている。「朝鮮人の主体性」を強調しているのも本書の特徴の一つといえるが、一方で朝鮮人の内部における階層性(官吏や商工業者などの地域有力者と労働者・雑業層といった上層・下層の関係)に関する言及はあまりはっきりしない。例えば、1930年代の面協議会から邑会への改組がもたらした構成員の変容が羅津において「朝鮮人の主体性」は発揮する裁量を著しく阻害するものであったというのであれば、その際のこうした階層性への影響を、どのように位置づけるのかといったことが論点として残るだろう。

第二に、本書の特徴の一つである「開発の暴力性」の具体事例として、中国人労働者の導入や、朝鮮人の人口移動の動機にもなった朝鮮市街地計画令に規定された住居撤去(強制執行)などが随所に示されて、非常にわかりやすかった。その一方で、「開発の植民地性」、すなわち「暴力性」との関わりで、第一の論点で示した「朝鮮人の主体性」について考える際に、研究史における朝鮮植民地支配の特質の一つである「民族分断政策」のもつ「暴力性」といった視点との関わりで、階層性への言及がなされてもよかったのではないかと思われる。

第三に、咸鏡北道の地域変容を論じる際に、第一部での咸北地域全体の変容の分析から第二部では羅津地域の変容への分析といった対象地域が絞り込まれるため、1930年代以降の咸北の地域変容を論じる際に、ほかの地域(鏡城[衰退]や城津、清津、羅南など)との変容との関わりが見えづらくなっており、それが咸鏡北道という地域全体の変容とその特徴を捉える際の限界になっているのではないかと感じた。また、本書の特徴の一つである複合的視点から多様に地域変容を見るという

ことについても、第一部についてはやや短冊的で、縦割りの構成となっている印象を受けたが、咸鏡北道における空間的変容と結びつけるような叙述の可能性もあろう。但し、こうした地域社会像やその変容を論じる際には、方法論を含めた先行研究をもう少し広くとって、序章で整理した方が、本書のねらいがより鮮明となり、より積極的に本書の意義や評価を研究史に位置づけることになるのではなかろうか。

　第四に、咸鏡北道における運動への言及がほとんどなかった点を挙げたい。1920年代、朝鮮では民族運動が活発となったと通史的にはよく言われるが、沿海州や間島地域と隣接した咸鏡北道ではどうだったのか。そのことと地域変容あるいは社会変容のあり方は関わりがあったのかといった点は「朝鮮人の主体性」といった点においても重要な論点となろう。著者は「本書の目的は咸鏡北道の通史を描くことではない」（5頁）としているので、本書においては言及しなかったのかもしれない。第二部における羅津地域における地域住民の動きを何らかの植民地権力に対する抵抗運動と捉えているように読み取れるが、はっきりとした位置づけはされていない。しかし、雄基を対象に鉄道誘致を地域有力者の社会運動と明確に位置づけた論考（加藤圭木「1920～30年代朝鮮における地域社会の変容と有力者・社会運動─咸鏡北道雄基を対象として─」中央大学商学研究会編『商学論叢』58巻5・6号、2017年3月）もあって、地域社会を形成していく有志集団の動きを社会運動として位置づけている点からいっても、本書でもこうした位置づけがあってもよかったように思える。

　第五に、やや細かい点となるが、日露戦争と咸鏡北道の地域変容の分析に際して、日本軍への便宜供与における経済的側面を説明する際、「日韓議定書」への言及が必要ではなかったか。これもすでに別稿によって、咸鏡道「軍政」の実態に迫ることを目的に、朝鮮人の日本軍への抵抗を含めて、「軍政」下の咸鏡北道の状況が明らかにされている（加藤圭木「日露戦争下における朝鮮東北部の「軍政」」（『一橋社会科学』8巻、2016年10月）。こうした自らの成果から得た視点を生かせば、より重厚で重層的な第一部の叙述が可能であったように思われる。

　第六に、その他として、「時局対策調査会」を「時局対策協議会」（224頁）とするなどのほか誤字脱字がいくつかある点、第二部第三章などで史料的に埋められない部分を、著者が傍証しようと努力を重ねた部分があった点に言及しておきたい。そのことは数少ない史料から咸鏡北道の地域変容の実態を明らかにしていく作業にいかに困難が伴ったかをも示していよう。

Ⅵ

　以上、多岐にわたるであろう論点のなかでもいくつか評者が考えたことを述べた。本書は朝鮮社会や朝鮮人にとっての日本の侵略や植民地支配の意味を考えるという課題」を著者なりに追究しようした試みであった（248頁）。しかし、そうした作業を積み重ねることは著者でなくても一筋縄では行かない作業であろう。著者の言う史料を読みながら、自らの朝鮮に対する認識のなさや「暴力の重み」を認識しながら、日本の侵略と植民地支配に向き合うことは簡単な営みではない。研究者はそうしたことに向き合いながら、研究の発展に努めていくことになるのだろう。いずれにせよ、本書はこれまで研究の薄かった植民地期朝鮮北部（咸鏡北道）の地域変容の実態に迫る貴重な成果であり、日本の朝鮮史研究、日本植民地研究に多くの示唆を与えるものとして評価されるものである。なお、評者の浅学を省みると、誤読と感じる部分もあるかもしれないが、ご海容いただければ幸いである。

（吉川弘文館、2017年、10＋253頁、定価9500円＋税）

会　　　報

■第25回全国研究大会・報告要旨

　日本植民地研究会第25回全国研究大会は、2017年7月9日（日）に、立教大学池袋キャンパス太刀川記念館3階で開催された。今年度の全国研究大会では、自由報告論題2、共通論題報告3の合計5報告が発表された。以下、各報告者・コメンテーターに寄稿いただいた内容および大会当日の配布資料をもとに、各報告の要旨を記す。

【自由論題】

報告1
八尾祥平（神奈川大学）「パイン産業と人の移動―台湾・沖縄・ハワイを中心に」

　　　　　　司会：谷ヶ城秀吉（専修大学）

　本報告は、パイナップル産業がハワイから台湾経由で沖縄へと伝播した歴史的な過程を検証した。これまでパイン産業の歴史は地域史の枠組みで研究がなされてきた。これに対して、本論文では、単一の地域あるいは帝国を越えて、パイン産業が世界各地の植民地への伝播とともに起きたモノと人の国際移動に着目した。

　本論文での検証の結果、パイン産業の国際移動は、19世紀後半から現在にかけてのアジア太平洋地域の地域秩序の変動に大きな影響を受けていたことが明らかとなった。まず、ハワイや沖縄ではほぼ同時期に大国による勢力拡大に巻き込まれて王朝が滅亡し、台湾も日本帝国の版図へと編入された。こうした動きが起きていたほぼ同時期に、それ以前は地産地消されていたパインの缶詰技術が確立した。缶詰技術の確立により、砂糖やコーヒーのような世界商品として流通する近代産業としての基盤が整えられた。この結果、アメリカの准州から植民地台湾を経由し、沖縄へのパイン産業の伝播を支えたモノと人の移動のネットワークが形成された。台湾では、パインは18世紀頃に福建人のネットワークによってもたらされた。台湾でのパインの近代産業化は、台湾の日本帝国領有後に入植した日本人によって開始された。1920年代には台湾総督府も本格的にパインを高付加価値産業化する体制を整え、渡辺正一がその中心的な役割を担った。また、ハワイの日系人のなかにはパイン栽培の技術指導のため台湾を訪れた者もいた。結果として、1930年代には台湾のパイン生産業は世界第三位で、全体の約1割をしめるまでに成長した。台湾総督府の指導により、1935年に台湾内の全パイン会社が経営統合された。この際のパイン工場の売却資金を元手にして、台湾人・林發はパインの育成条件の整っている沖縄県石垣島にパイン産業を興した。

　日本帝国が崩壊し、戦後のアジア太平洋地域は冷戦体制による地域秩序に再編される。戦後のいわゆる自由主義陣営のパイン市場は、ハワイ・台湾・沖縄が、より人件費の安いフィリピン・タイのパイン缶に世界市場でのシェアを奪われていくことになる。まず、旧日本帝国圏では、日本本土のパイン供給の主力は台湾から沖縄へとうつり、戦後の沖縄では空前のパインブームと呼ばれる急速なパイン産業の発展がみられた。その一方で、台湾でもパイン生産量自体は大幅に伸びた。こうした戦後の台湾・沖縄のパイン産業発展のために、台湾から日本本土へ引揚げた渡辺正一が招聘され指導にあたっていた。ハワイでは1960年代から人件費の高騰により、生産拠点がフィリピン・タイへ移転することによってパイン産業の衰退が始まり、沖縄も同様に安いフィリピン産パインとの競争に勝てず、衰退をしていった。その一方で、台湾では経済発展後に国内市場が十分に拡大し、ハワイや沖縄とは異なり、台湾内での消費で国内生

産分を吸収できるようになり、現在、パイン生産量は過去最高の水準を維持している。

ハワイと沖縄のパイン生産は、かつての缶詰用ではなく、もっぱら生食用になった。生産量そのものは最盛期には及ばないものの、小規模ながらも採算のとれる水準にあり、地域の自立や町おこしなどのシンボルとなっている点では、いまも地域社会において重要な作物でありつづけているといえる。

ハワイ・台湾・沖縄からフィリピン・タイへのパインの生産拠点の移動は、後者の経済発展に寄与したという点を強調するような、かつての「近代化論」を焼き直したような議論が未だにある。これに対して、大国間の地域秩序の変動に翻弄されながらも、自らの生活基盤を確立しようともがいた民衆の姿を歴史のなかに浮かび上がらせることは、未だに根強い「近代化論」的な議論を批判的に検証する足がかりとなる。複数の勢力圏間を結ぶモノと人の移動についての研究は今後、ますますその重要性が認識されるようになっていくだろう。

［付記］本報告は、研究課題番号：17K04165による研究成果の一部である。

報告2
三木理史（奈良大学）「『満洲国』期の鉱工業と満鉄貨物輸送」

司会：飯塚靖（下関市立大学）

本報告は、五箇年計画と南満洲鉄道株式会社（以下、満鉄）の貨物輸送との関係を解明し、特に1937～40年度の第一次計画に重点を置きつつ、石炭業と鉄鋼・化学工業の分布との関係に着目して考察を行った。

まず研究史の検討から明らかとなった当該期の満洲鉱工業の物的流通に関する研究の立ち遅れを踏まえ、五箇年計画前後の満洲国工業の分布を1934年度と40年度で比較・考察し、34年度はⅠ～Ⅳの4地方型に類型化し、それが40年度にはⅠ'～Ⅳ'の類型に再編され、特に奉天地方と関東州への肥大的集中の進んだことを確認できた。また鉱業の中心を担っていた石炭業では1934年度の満洲炭礦株式会社（以下、満炭）の成立によって満洲国内炭鉱の分散が進んだものの、最有力鉱の満鉄撫順炭鉱と満炭各鉱の出炭高には相当な差があった。そうした鉱工業分布の南満への偏在傾向によって、必然的に満鉄貨物輸送は社線、特に連京線（大連―新京間）の輸送が肥大化していた。一方それを鉄道側から検証すると、輸送の肥大化した連京線区間でも最有力鉱のある撫順と主要工業地域の奉天周辺、関東州を結んだ区間に石炭、鉄鋼業関係の輸送が集中していた。ようやく1940年度に東辺道から奉天周辺への原料鉱輸送の開始によって、多少輸送区間の分散も進んできたが、工業分布の地域格差を伴っていたため輸送区間の集中の大勢は変化しなかった。

それら輸送の大勢の規定要因のうち石炭業では1920年代まで多かった日本内地への輸出が減少し、代わって満洲国内の家庭用、窯業用、さらに山元消費が大幅に増加した。特に北満では石炭資源の偏在から炭質制約の少ない家庭用こそ近接産地に依存したが、工業用では相当な運賃負担のうえで適性炭の輸送を余儀なくされていた。それは鞍山の製鉄用コークス炭の集荷においても同様であった。そうした状況は満炭鉱が全般に満洲国内に広く分布しながらも南満に偏在し、輸出用途が限定的なことに加えて、主な消費先が地場中心であったことも加わって広域的輸送需要をほとんど生み出さなかったために生まれたものと考えられる。

ついで工業では、五箇年計画期でも食料品や化学工業の優勢は不変で、重点産業の金属工業がそれらの後塵を配し、撫順、本渓湖など奉天周辺や関東州への工業集積の高さも、実際にはそれらに窯業や製材工業などの加わった多様な構成に支えられていた。そのため満洲国成立後に満鉄線として編入された国線は、農産物流通の場合と同様に、鉱工業製品においても一般に輸送量増加への寄与は小さかった。さらに鉄鋼業製品は鉄道輸送によって輸出港や満洲国内各地に輸送されたが、そもそも生産地域は関東州と奉天近郊に限定されており、そのため国線の延長や新設による建設資材輸

送が一定の比重をもっていた。国線経営委託後は路線延長の逓増傾向の一方で、距離当収入の減少のつづく満鉄鉄道輸送の歯止めにはなっていた。

しかし、五箇年計画の重点産業が関東州と奉天近郊に集中立地し、連京線の大連─奉天間の輸送肥大化は変化しないままで、貨物輸送の構造は基本的に満洲事変以前の状況の踏襲にとどまっていた。

五箇年計画に伴う鉱工業品輸送の状況は、大豆依存を脱せない農産物輸送にもほぼ共通していた。それを踏まえれば満洲国成立による日本の空間支配の拡大は、満洲の貨物輸送の大勢にはほとんど影響を与えず、満鉄線は社線中心の「開拓鉄道」の様相を呈しつづけていたといえる。

高橋泰隆『日本植民地鉄道史論』(385～393頁)では、1940年代以後に満鉄のそれまでの貨物収入依存傾向に変化が生じ、旅客輸送の収入割合が大幅に高まったという事実を指摘している。そうした1940年代における満鉄旅客輸送の増加に関わる変化の実証がつぎなる課題として指摘できよう。

【共通論題】

「日本植民地における鉄道と観光」
司会：小林信介（金沢大学）、山本裕（香川大学）

問題提起
千住一（立教大学）
　　　　　　本誌の特集論文・問題提起をご覧ください。

報告1　林采成（立教大学）
「旅中の休みの近代化──植民地期朝鮮における鉄道ホテルの開業とその経営」
　　　　　　本誌の特集論文をご覧ください。

報告2　曽山毅（玉川大学）
「日本統治期台湾の教育機関における修学旅行」
　　　　　　本誌の特集論文をご覧ください。

報告3　高媛（駒澤大学）
「満鉄の観光映画──『内鮮満周遊の旅・満洲篇』（1937年）を中心に」

日露戦争終結の翌1906年11月、日本による満洲経営の中核的担い手として、半官半民の国策会社・南満洲鉄道株式会社（以下「満鉄」）が設立された。1923年、満鉄は宣伝部門「弘報係」を創設するとともに係内に「映画班」を発足させる。満鉄映画班は満洲における最古参格の映画機構として記録映画を中心に製作し、1944年に満洲映画協会（満映）に吸収合併されるまで、社業記録、満洲風物の紹介や観光宣伝、満洲事変や日中戦争の戦況実況、満洲国の建国行事や開拓移民の生活記録など、幅広い内容の映画を世に送った。筆者が確認できた中で最も新しい記録によると、満鉄映画の作品数は1942年10月現在、サイレント167本、トーキー59本の計226本に上る。

本発表は満鉄が製作した観光宣伝をモチーフとする「観光映画」に焦点を当て、1937年に公開された29分の映画『内鮮満周遊の旅・満洲篇』（以下『満洲篇』）を題材に、時代背景と製作意図をふまえたうえ、映像に現れた満洲表象の意味作用を分析するとともに、新興満洲国の対外宣伝ツールとして、満鉄の観光映画が果した役割について考察した。1936年5月、満鉄は初めての試みとして、大連航路を独占する大阪商船株式会社および朝鮮総督府鉄道局と連携して、日本から満洲、朝鮮を巡る観光ルートをまとめて宣伝する観光映画の製作に乗り出す。「内鮮満周遊映画」と銘打つこの観光映画は、満鉄による『満洲篇』（3巻）、大阪商船による『内地篇』（1巻）と、朝鮮総督府鉄道局による『朝鮮篇』（2巻）から構成されている。『満洲篇』が製作されている最中の1936年10月、同月に奉天に新設された「鉄道総局」のもと、満洲全域の鉄道経営の一元化が実現される。この一元化や日本人の観光可能圏の拡大などにより、満洲旅行は「空前の盛況」を呈するようになった。

『満洲篇』は、満洲全域に張り巡らされた鉄道の路線図を大きく表示する場面から始まり、満鉄本

社がある大連を起点に、朝鮮との国境の町・安東を終点に、鉄道沿線の町計18ヶ所を順次に紹介する形で進行する。このうち、満鉄本線と安奉線という満洲事変前までに既に日本人が集住していた満鉄沿線の町は10ヶ所で、残りの8ヶ所は満洲国の国有鉄道の沿線（7ヶ所）と北鮮線（1ヶ所）である。

興味深いことに、撮影時間の最も長い町は、ロシア情緒豊かな哈爾濱や、満洲国の国都である新京などではなく、満洲事変前までは満鉄の旅行ガイドブックにほとんど登場していなかった熱河省の省都である「承徳」であった。承徳は18世紀の清朝時代に建造された宏壮な離宮と喇嘛寺で知られているが、清朝滅亡後の中華民国になってから古蹟の荒廃が進み、さらに政情の不安定と交通の不便が相俟って、長い間「世界の秘境」と呼ばれていた。満洲国建国の翌1933年3月、日本軍の「熱河討伐」による日本の勝利によって、熱河省は中国本土から切り離され、満洲国の版図に編入される。『満洲篇』がこれほど承徳の宣伝に力を傾けたのは、ここが満洲国時代に「掘り出され」、一躍脚光を浴びるようになった、いわば満洲国の象徴的な場所と見なされていたからであろう。

一方、1934年に、愛媛県教育視察団が満洲旅行中に中国人の「匪賊」に襲撃され死者まで出た事件が起こり、満洲旅行の安全性が疑問視されていた。こうした満洲＝危険のイメージを払拭するかの如く、『満洲篇』には治安をすっかり取り戻した平和で希望に満ちた「楽土」や、そこを安住の地として生活を営む「五族」の明朗な姿が随所に映し出されている。と同時に、不穏の空気を彷彿させるような場面どころか、日露戦争および満洲事変の戦跡など、戦争を想起させるシーンはごくわずかしか取り入れられていない。これは、同じ時期に満洲旅行者が書き残した体験記に記された物々しい雰囲気の旅行体験とは対照的である。

こうして『満洲篇』は、露骨なプロパガンダ映画とは一線を画す観光映画の独特な表現技法により、異国情緒あふれる風景、穏やかな五族の表情、そして穏やかな音楽を一つの映像にまとめ上げた。そしてこれらの要素を通して、満洲国の平和、明朗、近代的なイメージを紡ぎ出している。『満洲篇』は完成後、満鉄が日本各地に設置した無料旅行相談機関・鮮満案内所で保管され、修学旅行団を含む各種団体からの映写依頼に応じていた。満鉄の観光映画は「宣伝臭味のない宣伝映画」として、満洲国の対外宣伝に重要な役割を果していたことがわかる。

コメント1　鳩澤歩（大阪大学）

ドイツ経済史・経営史を専門とする西洋史研究者の立場から、欧州のなかでも特にドイツの経験と比較しながらコメントを行う。

まず、ドイツの場合は1920～1930年代に観光の大衆レジャー化が起こったことから、日本植民地との同時代性がある。そのようなドイツは日本植民地のモデルとして使われたのか、あるいは関係がなかったのかを知ることで、第一次グローバリゼーションの流れの中における日本帝国の西欧の帝国との違いや特徴を明らかにできると思われる。また、「鉄道と帝国主義」研究は豊富な蓄積があるが、観光というのはきわめて新しい視点である。鉄道による移動からナショナリズムが生まれた、というベネディクト・アンダーソンの指摘にもあるように、観光と帝国主義との関連は様々な角度から興味深いことがいえるのではないだろうか。景観（ランドスケープ）については人類学など歴史分野以外からも注目する動きが相当にあるが、観光を扱う研究はそのようなランドケープの研究にも接合できるといえるだろう。

林報告への質問としては、第一に、植民地朝鮮における鉄道ホテルがモデルにしたものがあるかどうかである。鉄道ホテルという言葉は昔から西欧・欧米にもあるが、鉄道会社の直営というのはどの程度日本独自のものといえるのか。1920年代にドイツでは、賠償金の支払いのためにつくられたドイツ・ライヒスバーン（ドイツ国鉄）が会社形態をとって、収益をあげるために民間会社として様々なことを野心的に行った。そのなかにライヒスバーンが関与したホテルが既にあったのではな

いかと思う。また、1930年代にはナチ体制の中で歓喜力行団という国営レジャー組織がつくられた。そのような観光の大衆化ともいえる同時代的流れのなかで、鉄道会社によってつくられたホテルというのはどの程度日本帝国独自のものなのか。

第二に、日中戦争の全面化により、帝国内の移動が活発になっていくという点について、具体的にどういうことなのか補足説明をいただきたい。

曽山報告は、内地と台湾との複雑な関係を修学旅行を通してあぶりだしているが、まず思い浮かぶのは、修学旅行という英語やドイツ語はあるのだろうかということである。同じ教育としての旅といっても、歴史や伝統が違えばそのあり方も異なってくると思われるが、20世紀前半の大衆社会化に応じて団体旅行のあり方も何かしら似通ったところが出てきたという印象を受けた。

曽山報告への質問は、外地人に修学旅行を経験させるということは、鉄道という新しいテクノロジー、新しい文化、あるいは本土と植民地を結ぶ主要な交通機関そのものを体験させるという意味づけがあったと思うが、そういえるかということである。

高報告への質問としては第一に、映画の内容において、モダニズムに加えエキゾチックさを強調することを意図しており、実際に日本化をなるべく避けるようにという文言が指令としてあったということだったが、なぜ日本化をなるべく避けるということになったのか。第二に、芥川光藏がソビエトの政治的プロパガンダ映画について「非常にいかんのだ」と述べているのは、それをかなり意識しているということと考えられるが、欧米の同時代のプロパガンダ映画による何らかの影響はあったのか。

最後に全体する質問として、第一に、台湾・朝鮮・満洲のなかでも朝鮮半島と中国大陸は鉄道により経営的・地理的にも繋がっているため、朝鮮・満洲とは異なる台湾独自の位置づけが日本帝国研究の中で浮かび上がってくるように思える。台湾の位置づけについて何かいえることがあるか。第二に、観光ができるまでに整備が進んだ帝国は、その後さらに膨張していくという意識があったのか、1930年代から1940年代初頭以降との連続性が今日の報告の対象からも浮かび上がるのかどうか教えていただきたい。

コメント2　柿崎一郎（横浜市立大学）

東南アジア史、とりわけタイの鉄道史を専門とする立場からコメントを行う。

まず、全体的な感想として第一に、1920年代から1940年代前半にかけて、日本帝国内における人の移動が全体的に活発化する傾向がみられることがわかった。修学旅行の学生の移動、開戦にともなう軍人の移動の活発化など、人の移動の質的様相がそれなりに見えてきた。また、戦争が始まることで自動車輸送や海運が止まり、通常よりも鉄道の一般利用者が増え、交通手段としての鉄道の重要性が高まることで、必然的に鉄道ホテルの利用者数が増えたということであったと思う。

第二に、東南アジアまで含めた人の移動を見ていくと、東南アジアは基本的に船を利用するため鉄道の役割は相対的に小さい。太平洋戦争が始まると日本人軍人の移動が急増し、大東亜共栄圏の中での日本人の影響力が急増するが、戦争の最終段階に入ると路線網破壊や車両故障などにより輸送力が大幅に落ちていき、鉄道全体の利用者は大幅な減少傾向をみせる。これはタイについても同様である。

次に、タイの鉄道局の年報よりタイの情報を簡単に説明したい。第一に、タイにおいても駅に宿泊所レベルの簡単な宿泊施設が数ヶ所存在していた。タイの旅客列車運行状況を考えると、長距離旅行をする際には途中駅で一泊して翌日の列車に乗り換える必要があったため、列車運行上の必要性から置かれたものである。

第二に、それとは別に高級ホテルの設置が1920年代に登場する。折しも1920年代は国際旅客が増えていく時期であったが、1929年の世界恐慌の影響で経営が悪化し、超高級の宮殿ホテルは一番の赤字となり、1932年には閉鎖となった。

第三に、海外の旅行会社に委託販売したタイ国

内の列車の切符数や国境を通過した国際旅客数が1920年代から統計として出てくるが、タイでも少なくとも1920代後半から観光が重視され始めたということがいえる。

林報告に対する質問としては、第一に、鉄道ホテルを利用する際に役人や軍人など公務利用者に優先権が与えられていたのか。ある程度の富裕層がホテルの利用者であることは想定済みと思われるが、わざわざ鉄道という国営組織がホテルを設置する理由として政策的なものがあるとすれば、国の要人などが移動する際にそのホテルを優先的に利用するということも考えられる。第二に、戦争中に鉄道ホテルを軍が利用することはあったのか。タイでは宿泊所を日本軍が接収し、各駅に駐屯している日本兵の宿泊所として使うことがあり、ホテルの場合も一部の部屋を同じように日本兵が使っていた。

曽山報告に対する質問としては、第一に、日本から台湾へも含めて、日本帝国内で修学旅行というかたちで学生たちが広域的に往来するようになったということだが、それはそれぞれの生徒・学生にどのような意識を醸成したのか。第二に、台湾の学生は中国本土や南洋、日本へ行き、日本帝国内の序列というものを認識したのか。また、台湾の位置づけがどのようなものであると彼らは認識したのだろうか。

高報告に対する質問としては、第一に、映画は日本からの内鮮満周遊券の利用者増をもくろんでいたのか、実際の宣伝効果はどの程度あったかという点である。映画ができたあとに団体旅行者数が急激に増えてはいないので、実際の宣伝効果は確認できないということになると思うが、その解釈で良いのか。第二に、映画の中で蒙古が強調されているという印象が強く残ったが、それはその後さらに日本が勢力圏を拡大させていくという意図があったということなのか。国策として、あるいは作戦時にリーダーシップをはかっていた芥川光蔵の意図も含めて伺いたい。

（コメント文責：飯倉江里衣）

■2017年度秋季研究会

日本植民地研究会2017年度秋季研究会は、2017年11月4日（土）に、立命館大学びわこ・くさつキャンパス・エポック立命21・K309会議室で開催され、自由論題2報告が発表された。以下、各報告者に寄稿いただいた報告要旨を記す。

報告1
谷ヶ城秀吉（専修大学）
「植民地市場における綿布消費の嗜好と商社の活動」

1930年代中盤の植民地台湾では、台北などの都市部を中心に洋装が一般化しつつあった。洋装の普及は、台湾人が経営する洋装店や生地商の活動に支えられていたが（鄭鴻生・天野健太郎訳『台湾少女、洋裁に出会う』紀伊国屋書店、2016年、61頁）、その原材料となる広幅綿布を日本から移入して洋装店や生地商に供給していたのは、日進商会や菊元商行、星加商行といった地場の日本人商人であった。一方で、1890年代末の台湾に営業拠点を開設した三井物産は当初、綿布を重要な戦略商品として位置づけていたものの、1930年代初頭の記事では、「儲る物ならば食料品缶詰から林檎までに手を出す流石の三井〔物産――引用者〕ですら此の商品には手をつけてゐない」と報告されている（吉田寅太郎『続財界人の横顔』経済春秋社、1933年、61頁）。要するに、三井物産が台湾市場で力を注いだ綿布取引の拡大戦略は、1930年代までに挫折していたのであり、したがって洋装の普及に伴う広幅綿布の移入増大という事態に際して同社の貢献は、無視できるほど小さかった。

以上の把握を前提として本報告では、三井文庫が所蔵する三井物産資料や沼津市明治史料館が所蔵する『旧幕臣箕輪家資料』などを用いて三井物産在台湾店による綿布取引が失敗に帰すまでの過程を明らかにすることに努めた。また、かかる分析を通して得た知見を、報告者が本研究に取り組む契機となった共同研究の目的に即して解釈した[1]。本報告の要点は、以下の2つに纏められる。

第1に、本報告では三井物産による綿布取引の失敗要因を事業戦略と市場ニーズの不一致に求めた。三井物産が営業拠点を設けた当時の台湾市場で最も消費されたのは、手織の小幅白木綿であり、その嗜好は第1次世界大戦期まで続いた。三井物産在台湾店も当初は小幅白木綿を取り扱っていたが、次第に付加価値がより高い広幅の生金巾や晒金巾へラインナップの力点を変えていった。かかる戦略の転換は、金巾の輸入代替化を促したものの、白木綿を好む消費の嗜好は不変であったため、綿布取引に係わる三井物産の競争力は劣位に陥った。その結果、広幅綿布の需要が高まる1930年代以前の時点で三井物産は、綿布取引から事実上撤退することになった。第2に、三井物産の自己像と他者像の乖離を問題視した。三井物産は、自らを「大規模ノ問屋」と規定する一方で、「島民ノ生活程度〔が〕低ク」、市場規模が小さい台湾では、自己像の実現が困難であると認識していた(「台北出張員取扱商品概説」1916年4月、『旧幕臣箕輪家資料』B－16－3)。本報告では、自己像と他者像のかかる乖離が同社による綿布取引の蹉跌に繋がった可能性が高いことを指摘した。

本報告に対しては、村上衛氏から、①在台日本人商人の流通機構に係わる問題、②「嗜好」の問題などを中心に有益なコメントを頂戴した。特に②に関連してご指摘いただいた綿布価格の問題は重要で、論文化までに整理しておく必要性を感じた。また、当日ご参加いただいた方々からも貴重なご助言を賜った。記して感謝したい。
(1)「帝国日本におけるモノと人の移動に着目し、そこに生み出された他者像を、人々の生活世界に視点をおいて分析し、植民地統治期を超えて現在に至る東アジアの他者認識のダイナミックスを明らかにすること」(科学研究費補助金・基盤研究(A)「帝国日本のモノと人の移動に関する人類学的研究──台湾・朝鮮・沖縄の他者像とその現在」研究代表者：植野弘子、研究課題番号25244044,研究計画調書)。

報告2
岡崎滋樹（立命館大学・院）
「外地畜産部門から見る政策と調査、そして技師―台湾馬政計画（1936年～）を中心に―」

本報告では表題のとおり、「台湾馬政計画(1936年～)」を題材として、とくにその政策立案過程において農林技師・佐々田伴久が行った台湾馬事調査(1934年5月)を取り上げ、調査の実態および報告書の作成方法を検討した。これまで主に満鉄や興亜院を中心として調査報告書からその調査の実態を掘起こす「ボーリング」作業が進められ、従来なかなか手が付けられずにいた負の側面、つまり実は現地調査ではなくただの机上の資料調査であったという事実や机上調査と当該地の現況とのブレ、あるいはそれに関連してかかる調査の在り方の限界性、ひいては調査そのものの杜撰さ等が明らかにされている。こうして当時の調査そのものの様子が如実に復元されていく一方で、それが果たして実際の政策にどれほど影響を与えていたのかという指摘もなされるように、調査自体が有していた実用性・実効性、および後の政策に与えたであろう影響力、あるいは逆にその調査がどれほど政策に影響を受けたものであったのかという課題については尚検討の余地が残されている。日本が戦前にアジアで展開した各調査を考究するならば、調査のみを専論するのではなく背後あるいは前後にある政策との関係をあらためて整理した上で、既定の政策があるならばいかにそれによって調査の性格が変わったのか、またその実態と有効性はいかほどであったのかを再検討する必要がある。かかる問題意識に立って検証した台湾馬事調査の様相は以下の通り。

まず、馬政第二次計画(1936年～)の立案準備のため1932年10月5日に農林省内に「馬政調査会」が設置されると、第1回総会(1932年12月12日)で三浦一雄(農林書記官)等3名の幹事委員が提出した外地馬政計画を含む準備調査要項が可決される。これを受けて、農林技師・佐々田伴久は部下の技手・石田左門を連れて1934年5月に台湾調査を行

うが、台湾に到着すると台湾日日新報の記者は佐々田にインタビューをし、彼は外地の馬政計画について「尤も此の問題は拓務省関係になりますが自分は台湾の馬政をも包括さるるものとして総督府の御意見をお伺ひしたいのです」と、実際は調査が目的ではなく台湾総督府から前向きな回答をもらうために東京から出張して来たような怪しいコメントを残していた。

約3週間に及ぶ台湾滞在中に各地の様子や総督府関係の招宴にも参加し、ここでの馬事調査書は翌1935年3月に脱稿しており、同月27日〜29に開かれた馬政調査会第3回総会において参考資料として配布される。本報告書では計21箇所にも及ぶ図表が引用・添付されており、また一見すれば畜産雑誌『台湾之畜産』に掲載されていた統計が多く、立案に都合の良い数値を転載していたかのように思われるが、実は本人が現地で馬匹飼養者に対して行った飼養アンケート調査や牛馬の畜力比較等のデータを後に台湾総督府側が雑誌上で公表し、その資料を佐々田本人も数値的根拠として報告書中にて引用していた。

以上を要約すると、佐々田の台湾馬事調査は案内役を務めた総督府殖産局・高澤壽が「昭和9年農林省馬産課佐々田技師が来台、本島馬産の検討の為約一箇月の予定を以て各地を調査し総督府と必要なる打合せを遂げた」と言うように、大げさに言えばそれは調査ではなく、そもそもは台湾総督府の意向を伺い、政策協議を行うための「出張」であったと言えよう。またそのような中で作成された調査報告書も、当然ながら政策を強く意識して書かれたものであったが、立案を担う役人としてあくまでも「自分が調査・計測して得た資料」に基づいて現状を分析し将来性を計るという、調査から政策を導く本来あるべき姿勢を保っていた。

■2017年度春季研究会

日本植民地研究会2017年度春季研究会は、2018年3月10日(土)に、法政大学市ヶ谷キャンパス・ボアソナードタワー25F・B会議室で開催され、自由論題1報告の発表と書評会が実施された。以下、自由論題報告者に寄稿いただいた報告要旨を記す。

報告1
山根伸洋（早稲田大学・非）
「『内国殖民地』東北地方における振興政策の転換：北上川水系総合開発事業をめぐって」
司会：飯倉江里衣（関東学院大学・非）

近代日本において東北地方はつねに開発の眼差しにさらされてきた。戊辰戦争に「敗北」し「後進」の烙印を押され、その「取り戻し」が宿命づけられた東北地方は、産業振興の対象とされ国家的開発事業が展開されてきた。それは近代日本の姿そのものと言える。近代日本を考察する際、自ずと琉球、北海道の包摂、欧米からの技術移転、国家による社会基盤整備事業、そして軍事的側面の突出という事態に突き当たる。近代日本への言及では必然的に内地と外地の往還が問題となり地方経営や地域開発事業において国家を意識せざるをえない。

本報告では、明治期初頭における東北地方の開発政策から野蒜港築港事業の実施とその挫折、そして大船渡湾岸開発構想の目論見まで国家官僚、海軍関係者、そしてそれに準じる人々によって担われたことを踏まえ、大正期の東北振興をめぐる議論が東北出身の宰相の登場を契機として本格化すること、東北を「内国植民地」と見立て拓殖会社の設立が構想される点などに着目する。こうした東北振興の様式は、朝鮮における東洋拓殖株式会社の設立の影響が指摘されるが、それに加えて明治期初頭より東北地方の交通網整備をめぐりアメリカの西部開拓に模した鉄道整備の議論があった点にも注意を払う必要がある。大正から昭和への変遷を通じ東北振興の議論は中央主導の時期を脱し、東北地方の内部に振興事業の担い手を見出す。その中で東北の地において振興をめぐる討議を通じて公共的空間が形成されていく萌芽が見出されていく。東北振興をめぐる議論は、地域的利害と

国家政策との相克と協調を軸として、戦時動員体制への包摂と抵抗、産業振興の在り方などと関連させて近年精力的に論じられてきている。

1930年代には東北地方はエネルギー開発の対象とされ水力発電のためのダム建設と発電事業をもって地域振興を実現するという開発様式が導入される。東北興業株式会社と東北振興電力株式会社という開発主体の設置（アメリカTVAをモデルとする）、振興調査（東北振興調査会）に基づく振興計画（東北振興第一期綜合五ケ年計画）の策定などは当時の最先端の開発手法であった。こうした手法は外地において先行実施され内地では東北地方が先行する。この東北振興事業に随伴すれども、内務省直轄事業として独立した文脈のものとして、北上川大規模電源開発と大船渡湾の臨海工業都市建設の大規模開発構想が1940年3月に明らかとなる。電力国策のもとで東北振興電力が日本発送電へ吸収され電源開発事業が著しく停滞する一方で、北上川水系の開発事業は、内務省直轄であり海軍が介在していることの故に継続する。

当時の実況を『新岩手日報』から追うと、1940年3月事業計画発表から同年秋の内務省技監を先頭とするダム建設予定地視察と地域への説明、同年11月「岩手の大日向村"田瀬"」の地域における住民の受け止めの様子が窺える。そこでは水没地域の住民に対して内務省技師より満州やブラジルへの移民の勧告がなされたことが読み取れる。報道された住民の声からは、東北の地に生きる住民と内地と外地を往還し外地の河川改修やダム工事に従事する内務省技師との間に横たわる意識の亀裂が看取できる。北上川水系開発事業は内務省の直轄工事として戦時中も開発事業が継続するが、そこには植民地開発と同型の姿を見出しうるのではないだろうか。

戦時期に調査・作成された北上川改修（開発）計画は戦後の国土総合開発法に基づく北上特定地域開発計画に概ね継承される。その際に戦前から東北振興事業の実施主体であった東北興業株式会社が北上川水系開発事業への参入を企図するも挫折し、岩手県、東北電力そして建設省があらためて北上川水系開発事業の担い手となる。この一件は、戦後の初動における戦前と戦後の接合のされ方を示す重要な出来事であり、戦後開発主義政治の展開を考察する際の中心環の一つであることを指摘しておきたい。

2017年度全国研究大会・秋季研究会・春季研究会記録

■**第25回全国研究大会** 2017年7月9日（日）
立教大学池袋キャンパス太刀川記念館3階多目的ホール

【自由論題】

第1報告
　報告者：八尾祥平（神奈川大学）
　論　題：「パイン産業と人の移動－台湾・沖縄・ハワイを中心に」
　司　会：谷ヶ城秀吉（専修大学）

第2報告
　報告者：三木理史（奈良大学）
　論　題：「『満洲国』期の鉱工業と満鉄貨物輸送」
　司　会：飯塚靖（下関市立大学）

【共通論題】「日本植民地における鉄道と観光」
　司　会：小林信介（金沢大学）、山本裕（香川大学）
　問題提起：千住一（立教大学）

第1報告
　報告者：林采成（立教大学）
　論　題：「旅中の休みの近代化──植民地期朝鮮における鉄道ホテルの開業とその経営」

第2報告
　報告者：曽山毅（玉川大学）
　論　題：「日本統治期台湾の教育機関における修学旅行」

第3報告
　報告者：高媛（駒澤大学）
　論　題：「満鉄の観光映画──『内鮮満周遊の旅・満洲篇』（1937年）を中心に」

■**2017年度秋季研究会** 2017年11月4日（土）
立命館大学びわこ・くさつキャンパス・エポック立命21・K309会議室

報告1
　報告者：谷ヶ城秀吉（専修大学）
　題　目：「植民地市場における綿布消費の嗜好と商社の活動」
　コメンテーター：村上衛（京都大学）

報告2
　報告者：岡崎滋樹（立命館大学・院）
　題　目：「外地畜産部門から見る政策と調査、そして技師─台湾馬政計画（1936年～）を中心に─」
　コメンテーター：吉田建一郎（大阪経済大学）

■**2017年度春季研究会** 2018年3月10日（土）
法政大学市ヶ谷キャンパス・ボアソナードタワー25F・B会議室

1. **自由論題報告**
　山根伸洋（早稲田大学・非）
　「内国殖民地」東北地方における振興政策の転換：北上川水系総合開発事業をめぐって
　コメンテーター：河西英通（広島大学）
　司　会：飯倉江里衣（関東学院大学・非）

2. **書評会**
　Aaron Moore, Constructing East Asia：Technology, Ideology, and Empire in Japan's War-

time Era, 1931-1945. Stanford University Press, 2013.

評者：藤原辰史（京都大学）
応答：アーロン・ムーア（アリゾナ州立大学）
司会：米谷匡史（東京外国語大学）

会務報告

　2017年度より事務局長を拝命しております、千住一です。専門が南洋群島と観光という周縁中の周縁の者でも居心地がよかったものですからついつい長居していたところ、お鉢が回って参りました。文字どおりブルドーザーの如く活躍された竹内祐介前事務局長の後任ということで安心しきっておりますが、会員の皆様よりご指導ご鞭撻を賜りますと幸いです。

　まずは2017年度のふりかえりから。7月に立教大学池袋キャンパスで開催された全国研究大会では、2本の自由論題報告に続いて、「日本植民地における鉄道と観光」という共通論題のもと3本の報告が行われました。11月には立命館大学びわこ・くさつキャンパスで秋季研究会が開催され、2本の研究報告の合間には大変貴重な資料を見学させていただく機会に恵まれました。春季研究会は3月に法政大学市ヶ谷キャンパスで開催され、1本の研究報告に続いて「書評会」という新しい取り組みが試みられました。いずれの成果も本号掲載の特集論文および会報にて概要を知ることができます。日本植民地研究会の「いま」が伝わる内容になっておりますので、是非ともご一読下さい。いずれにしましても、すべての報告者、コメンテータ、評者、司会者、会場関係者に加え、当日会場にお越し下さった参加者の皆様に心より御礼申し上げます。

　そして2018年度ですが、本会はふたつの画期を迎えようとしています。第一に、これまで何度かお知らせして参りましたが、いよいよ岩波書店より日本植民地研究会編『日本植民地研究の論点』が発行になります。ここで詳細を書き連ねることは控えますが、須永徳武前代表理事、谷ヶ城秀吉前研究企画委員長、竹内祐介前事務局長を中心とする編纂委員会が何度も議論を重ね、会の内外に執筆者を求めた日本植民地研究会にしか企画できない良書となっております。どうぞお手にとって動向の最先端をご確認下さい。

　第二に、7月の全国研究大会が北海道は北海学園大学豊平キャンパスにて開催されます。ご承知のとおり全国研究大会は立教大学池袋キャンパスでの開催が恒例化しておりましたが、ここに来て新たな展開を迎えようとしています。開催を引き受けて下さった関係者の皆様に感謝いたしますとともに、今後も何年かに一度は立教大学以外のどこかで全国研究大会を開催できればと考えております。なお、秋季研究会につきましては、関係者の方々のご尽力もあって定番化してきた関西地方での開催が予定されています。奮ってご参加下さい。

（千住一）

会員新刊案内（2017年）

本会員が2017年1月から12月の間に刊行した著作を紹介いたします（著者50音順）。

- 内田知行『歴史家が語るガイドブックにはない世界の旅』創土社。
- 老川慶喜『小林一三：都市型第三次産業の先駆的創造者』ＰＨＰ研究所。
- 老川慶喜『鉄道と観光の近現代史』河出書房新社。
- 大豆生田稔編『軍港都市史研究7　国内・海外軍港編』清文堂出版。
- 小黒浩司監修『近代製本関係人物事典：製本業者・社の歴史』第1〜2巻、金沢文圃閣。
- 糟谷憲一ほか編『世界歴史大系　朝鮮史』1〜2、山川出版社。
- 加藤聖文『満蒙開拓団：虚妄の「日満一体」』岩波書店。
- 加藤聖文『国民国家と戦争：挫折の日本近代史』ＫＡＤＯＫＡＷＡ。
- 加藤圭木『植民地期朝鮮の地域変容：日本の大陸進出と咸鏡北道』吉川弘文館。
- 木村健二『一九三九年の在日朝鮮人観』ゆまに書房。
- 柴田善雅『満洲における政府系企業集団』日本経済評論社。
- 白木沢旭児編著『北東アジアにおける帝国と地域社会』北海道大学出版会。
- 張曉紅『近代中国東北地域の綿業：奉天市の中国人綿織物業を中心として』（香川大学経済研究叢書）、大学教育出版。
- 波形昭一『植民地期台湾の銀行家・木村匡』ゆまに書房。
- 西村成雄『中国の近現代史をどう見るか〈シリーズ　中国近現代史6〉』岩波新書。
- 西村成雄ほか編集『中国の国家体制をどうみるか：伝統と近代』汲古書院。
- 西村成雄監修『20世紀前半の中国（中国の歴史・現在がわかる本）』第1期1〜3、かもがわ出版。
- 平井健介『砂糖の帝国：日本植民地とアジア市場』東京大学出版会。
- 堀井弘一郎ほか編『戦時上海グレーゾーン：溶融する「抵抗」と「協力」』勉誠出版。
- 柳沢遊ほか編著『日本帝国の崩壊：人の移動と地域社会の変動』慶應義塾大学出版会。

日本植民地研究会編

日本植民地研究の現状と課題

◎定価：本体3,600円＋税（送料160円）　Ａ５判／並製本／縦2段組／総256頁

序　文●小林英夫
第1章●帝国主義論と植民地研究／岡部牧夫
第2章●ポストコロニアリズムと帝国史研究／戸邉秀明
第3章●朝　鮮／三ツ井　崇
第4章●台　湾／谷ヶ城　秀吉
第5章●樺　太／竹野　学
第6章●南洋群島／千住　一
第7章●満　州／山本　裕
あとがき●須永徳武・安達宏昭

発売　アテネ出版社
〒101-0061　東京都千代田区三崎町2-11-13-301
電話 03-3239-7466　FAX 03-3239-7468
http://www.atenesya.com　メール info@atenesya.com

編 集 後 記

　2017年度より三ツ井崇前編集委員長より編集委員長職を引き継がせていただきました。これまで「ただ乗り」会員に徹してきた私にとっては一大事でしたが、事務局長・編集委員・研究企画委員の方々のお力添えで、何とか会員の皆様に『日本植民地研究』第30号をお届けすることができました。

　本号には特集論文2本、書評4本の原稿が掲載されています。植民地期朝鮮・台湾における鉄道と観光に関する特集論文を組むことができたのは、ひとえに研究企画委員を中心とした全国研究大会に携わった方々のご尽力に負うところ大であり、感謝申し上げます。書評対象本は地域的に分散しており、多くの方々の関心を引けるものと期待しております。本号は例年よりヴォリュームが少ないものの、高いクオリティの特集論文・書評原稿を掲載できました。執筆者の方々にお礼申し上げます。

　編集委員長の立場から会員の皆様へお知らせしなければならない事項として、まず、理事・幹事会の議論を経て執筆要領が改訂されました。具体的には、投稿要領3．の「投稿原稿2部を下記事務局長宛てにお送りください。」という文言は、「投稿原稿を下記事務局宛にEメールの添付ファイルでお送りください。郵送を希望される場合は下記までご相談ください。」に改められました。それにともない、電子ファイルの提出に関する投稿要領5．は削除されました。投稿受理・審査過程の効率化を目的とした改訂であり、会員の皆様のご理解をいただけますよう、ご報告申し上げます。

　次に、例年には無かった新たな試みが本号には2つあります。1つ目は、秋季・春季研究会の報告要旨を掲載いたしました。これまで全国大会の報告・コメント要旨は掲載していましたが、秋季・春季研究会についてはプログラムのみ掲載していました。当日参加できなった会員の皆様にも報告内容の概要をお伝えすることを目的としたものです。報告内容を寄稿していただいた報告者の方々に感謝いたします。2つ目は、「会員新刊案内」の頁を挿入いたしました。2017年1月から12月における会員の新刊を、編集委員会メンバーでネットサーチしてピックアップいたしました。会員の皆様のご活躍を確認できる頁となっております。

　最後に、『日本植民地研究』第29号に関し、お詫び申し上げます。第29号の会報「第24回全国研究大会・報告要旨」に掲載いたしましたコメントの内容（68－70頁）は、記録者の理解に基づくもので、コメンテーターご本人の意図や歴史的解釈とは異なる箇所がございます。また、同記録の文責は、記録者および記録者に記録を依頼した本会にございますことをご連絡申し上げる次第です。ご迷惑をおかけした関係者の皆様に心よりお詫び申し上げます。

（湊照宏）

日本植民地研究の論点

研究の到達点と展望を示す画期的入門書の誕生

日本植民地研究会 編

「帝国」の構造や植民地支配のあり方を総体として理解するために必要な論点を，政治・経済の制度と文化的側面の双方に目を配りながらテーマ別に整理し，第一線の研究者36人がわかりやすく解説する．

A5判・並製カバー・320頁　**本体3800円**（税別）

目次

はじめに ……………………………… 須永徳武・谷ヶ城秀吉

第Ⅰ部　植民地支配の基盤
- 第1章　植民地主義 ……………………………… 駒込 武
- 第2章　統治機構と官僚・警察・軍隊 …………… 松田利彦
- 第3章　被支配者の主体性 ……………………… 加藤圭木
- 第4章　アジア経済史と植民地経済史 …………… 竹内祐介
- 第5章　「国策」と企業経営 ……………………… 平山 勉
- 第6章　社会資本と「公共性」 …………………… 清水美里
- 第7章　技術移転 ………………………………… 李 海訓
- 第8章　大東亜共栄圏 …………………………… 安達宏昭
- 第9章　戦後東アジア経済 ……………………… 湊 照宏

第Ⅱ部　植民地の社会と文化
- 第10章　ジェンダー・セクシュアリティ ………… 金 富子
- 第11章　労働 …………………………………… 都留俊太郎
- 第12章　人の移動 ……………………………… 細谷 亨
- 第13章　教育の制度と構造 …………………… 古川宣子
- 第14章　医療・公衆衛生 ……………………… 鈴木哲造
- 第15章　宗教と信仰 …………………………… 青野正明
- 第16章　住居・都市・領域 …………………… 青井哲人
- 第17章　近代文学と日本語小説 ……………… 波田野節子
- 第18章　日本在留朝鮮・台湾出身者 ………… 宮本正明

第Ⅲ部　視角と方法
- 第19章　帝国主義研究の現在的意義 ………… 兒玉州平
- 第20章　「間－帝国史 trans-imperial history」論 … 水谷 智
- 第21章　グローバル・ヒストリーから見た「日本帝国」 … 脇村孝平
- 第22章　記憶 …………………………………… 飯倉江里衣

- コラム①　国民経済計算・数量経済史 … 須永徳武
- コラム②　鉄道 …………………………… 林 采成
- コラム③　内国植民地 …………………… 大浜郁子
- コラム④　観光 …………………………… 千住 一
- コラム⑤　スポーツ ……………………… 小野容照
- コラム⑥　医学と生命 …………………… 末永恵子
- コラム⑦　映画 …………………………… 高 媛
- コラム⑧　芸能・歌謡 …………………… 三ツ井崇
- コラム⑨　日本史と植民地研究 ………… 吉井文美
- コラム⑩　アーカイブズ ………………… 加藤聖文
- コラム⑪　植民地近代論 ………………… 松本武祝
- コラム⑫　地域における歴史実践 ……… 小林信介
- コラム⑬　植民地責任論 ………………… 浅田進史

参考文献一覧
あとがき ……………………………………… 谷ヶ城秀吉

岩波書店　〒101-8002 東京都千代田区一ツ橋2-5-5
http://www.iwanami.co.jp/

執筆者紹介（執筆順）

千住　一	立教大学観光学部准教授	
林　采成	立教大学経済学部教授	
曽山　毅	玉川大学観光学部教授	
齊藤　直	フェリス女学院大学国際交流学部教授	
李　昌玫	韓国外国語大学融合日本地域学部助教授	
山口　公一	追手門学院大学経済学部准教授	

役員

代表理事　飯塚　靖　　理事　安達宏昭　　理事　今泉裕美子
理事　　　小林元裕　　理事　千住　一　　理事　細谷　亨
理事　　　湊　照宏
監査委員　竹野　学

運営委員

事務局長　千住一　　編集委員長　湊照宏
研究企画委員長　細谷亨
事務局員　岡部桂史・小林信介・都留俊太郎
編集委員　平山勉・加藤圭木・鈴木哲造
研究企画委員　山本裕・清水美里・中野良・飯倉江里衣

日本植民地研究　第30号　　　　　　　　　　定価：（本体4000円＋税）

2018年6月30日発行

編集・発行　日本植民地研究会

代表者　飯塚　靖
　　　日本植民地研究会事務局
　　　〒352-8558　埼玉県新座市北野1-2-26
　　　立教大学観光学部　千住一研究室気付
　　　日本植民地研究会事務局
　　　senjuhajime@rikkyo.ac.jp
　　　郵便振替口座番号：00120-5-764824

発　売　アテネ出版社
　　　〒101-0061　東京都千代田区三崎町2-11-13-301
　　　電話 03（3239）7466　FAX 03（3239）7468
　　　http://www.atene-co.com　MAIL：info@atene-co.com

ISBN978-4-908342-30-1　C3033